Angelika Landmann

Aserbaidschanisch
Kurzgrammatik

Angelika Landmann

Aserbaidschanisch
Kurzgrammatik

2013

Harrassowitz Verlag · Wiesbaden

Bibliografische Information der Deutschen Nationalbibliothek
Die Deutsche Nationalbibliothek verzeichnet diese Publikation in der Deutschen
Nationalbibliografie; detaillierte bibliografische Daten sind im Internet
über http://dnb.dnb.de abrufbar.

Bibliographic information published by the Deutsche Nationalbibliothek
The Deutsche Nationalbibliothek lists this publication in the Deutsche
Nationalbibliografie; detailed bibliographic data are available in the internet
at http://dnb.dnb.de.

Informationen zum Verlagsprogramm finden Sie unter
http://www.harrassowitz-verlag.de

© Otto Harrassowitz GmbH & Co. KG, Wiesbaden 2013
Das Werk einschließlich aller seiner Teile ist urheberrechtlich geschützt.
Jede Verwertung außerhalb der engen Grenzen des Urheberrechtsgesetzes ist ohne
Zustimmung des Verlages unzulässig und strafbar. Das gilt insbesondere
für Vervielfältigungen jeder Art, Übersetzungen, Mikroverfilmungen und
für die Einspeicherung in elektronische Systeme.
Gedruckt auf alterungsbeständigem Papier.
Druck und Verarbeitung: docupoint, Magdeburg
Printed in Germany
ISBN 978-3-447-06873-4

Inhaltsverzeichnis

Vorwort VII

Lautlehre 1
1. Das Alphabet – 2. Vokalharmonie – 3. Suffixbildung ....

I.   Das Substantiv 5
1. Grundform und Nominativ – 2. Der Plural – 3. Der Genitiv – 4. Der Dativ – 5. Der Akkusativ – 6. Der Lokativ – 7. Der Ablativ – 8. Die Possessivsuffixe der 1. und 2. Personen – 9. Die Possessivsuffixe der 3. Personen – 10. Die Genitiv-Possessiv-Konstruktion – 11. Zusammengesetzte Substantive ....

II. Das Adjektiv 15
1. Der Gebrauch des Adjektivs – 2. Der Komparativ – 3. Der Superlativ – 4. Intensivformen ....

III. Das Adverb 18

IV. Pronomina 19
1. Demonstrativpronomina – 2. Personalpronomina – 3. Possessivpronomina – 4. Das Reflexivpronomen – 5. Das reziproke Pronomen – 6. Indefinitpronomina – 7. Interrogativpronomina – 8. Die Fragepartikel **-mi** ....

V.   Die Zahlen 25
1. Die Kardinalzahlen – 2. Alter – 3. Die Uhrzeit – 4. Ordinalzahlen – 5. Das Datum – 6. Bruchzahlen – 7. Distributivzahlen ....

VI. Postpositionen 31
1. Postpositionen mit dem Nominativ – 2. Postpositionen mit dem Genitiv – 3. Postpositionen mit dem Dativ – 4. Postpositionen mit dem Ablativ ....

VII. Das Hilfsverb *sein* **sowie var und yox** 36
1. Das Präsens – 2. Das Verb **olmaq** – 3. Das Präteritum – 4. Die Form **imiş** – 5. Der reale Konditional ....

VIII. Zeiten und Modi des Vollverbs ... 43
1. Allgemeines – 2. Die Präsens- und Futurformen auf **-(y)lr̄**, **-məkdə**, **-(y)ər** und **-(y)əcək** – 3. Die Perfektformen auf **-di**, **-miş** und **-(y)ib** – 4. Aufforderungsformen: Die Nezessitative auf **-məli** und **-(y)əsi**, Imperative und Optativ – 5. Mit **idi** und **imiş** zusammengesetzte Verbformen – 6. Mit Bildungen von **olmaq** zusammengesetzte Verbformen – 7. Konditionale Verbformen ...

IX. Verbalnomina ... 69
1. Allgemeines – 2. Der Infinitiv auf **-mək** – 2. Das Verbalnomen auf **-dik** als Verbalsubstantiv – 4. Das Verbalnomen auf **-dik** als Partizip 5. Das Verbalnomen auf **-(y)ən** als Verbalsubstantiv – 6. Das Verbalmomen auf **-(y)ən** als Partizip – 7. Das Partizip auf **-miş** – 8. Das Verbalnomen auf **-(y)əcək** – 9. Die Verbalnomina auf **-məli** und **-(y)əsi** ..

X. Konverbien ... 84
1. Das Konverb auf **-(y)ib** – 2. Das Konverb auf **-(y)ərək** – 3. Das Konverb auf **-mədən** – 4. Das Konverb auf **-(y)ə** – 5. Die Form **deyə** – 6. Das Konverb auf **-dikcə** – 7. Das Konverb auf **-kən** – 8. Das Konverb auf **-(y)əli** ...

XI. Konjunktionen ... 91

XII. Die Partikel ki ... 99

XIII. Wortbildung ... 95
1. Substantive auf **-xana** – 2. Substantive auf **-çə** und **-cik** – 3. Substantive auf **-çı** – 4. Substantive auf **-iş** – 5. Substantive und Adjektive auf **-lik** – 6. Adjektive auf **-li** – 7. Adjektive auf **-siz** – 8. Das Zugehörigkeitssuffix **-ki** – 9. Das Äquativsuffix **-cə** – 10. Verbstämme auf **-lə** – 11. Reflexive Verbstämme – 12. Reziproke Verbstämme – 13. Kausative Verbstämme – 14. Das Passiv ...

XIV. Wortfolge ... 103

Anhang ... 105
Übersichten über die aserbaidschanischen Suffixe ... 105
Übersicht über die aserbaidschanischen Verbformen ... 107
Die aserbaidschanischen Entsprechungen deutschern Nebensätze ... 109
Alphabetisches Vokabelverzeichnis ... 110
Sachregister ... 120
Literaturverzeichnis ... 122

Vorwort

Die vorliegende Kurzgrammatik des Aserbaidschanischen vermittelt auf 122 Seiten die wichtigsten Grundlagen der aserbaidschanischen Grammatik in knapper, übersichtlicher und leicht verständlicher Form, ohne dass es der Kenntnis einer anderen Turksprache bedarf. Die einzelnen Kapitel sind nach grammatischen Kategorien geordnet, die Erklärungen werden jeweils durch Beispielsätze aus der Alltagssprache veranschaulicht.

Der Anhang enthält eine Liste der im Buch behandelten Suffixe, eine Übersicht über die aserbaidschanischen Verbformen, die deutschen Nebensätze und ihre aserbaidschanischen Entsprechungen, ein alphabetisches Vokabelverzeichnis, ein Sachregister sowie ein Verzeichnis der verwendeten Literatur.

Zur Darstellung wurde das offiziell seit 1993 in Aserbaidschan verwendete modifizierte lateinische Alphabet gewählt.

Ich danke Herrn Imran Gürel für viele wertvolle Hinweise und Anregungen.

Heidelberg, im Dezember 2012   Angelika Landmann

Lautlehre

1. Das Alphabet

Schrift	Aussprache	Beispielwort	
A a	a	ana	Mutter
B b	b	bazar	Markt
C c	stimmhaftes dsch	cavab	Antwort
Ç ç	stimmloses tsch	çay	Tee
D d	d	dolab	Schrank
E e	e wie in Tee	ev	Haus
Ə ə	helles ä wie in Lärm	əl	Hand
F f	f	film	Film
G g	vorderes g wie in Ginster	göz	Auge
ğ	nur angedeutetes Zäpfchen-r	dağ	Berg
H h	hörbar auszusprechendes h	həftə	Woche
X x	ch wie in Dach	xalça	Teppich
I ı	hinteres, dumpfes i wie das e in Kappe	qapı	Tür
İ i	vorderes, helles i	iş	Arbeit
J j	französisches j	jaket	Jakett
K k	vorderes k wie in Kind	kitab	Buch
Q q	hinteres weiches g wie in Gong	qız	Mädchen
L l	l	lalə	Tulpe
M m	m	məktəb	Schule
N n	n	nəfəs	Atem
O o	kurzes, offenes o wie in Osten	oğul	Sohn
Ö ö	kurzes, offenes ö wie in Förster	ölkə	Land
P p	p	pəncərə	Fenster
R r	Zungen-r	rəsim	Bild
S s	stimmloses s	səhər	Morgen
Ş ş	stimmloses sch	şəhər	Stadt
T t	t	tələbə	Student
U u	kurzes u wie in Nuss	uşak	Kind
Ü ü	kurzes ü wie in Küche	ümid	Hoffnung
V v	w	vağzal	Bahnhof
Y y	deutsches j	yol	Weg
Z z	stimmhaftes s	zal	Saal

Im Aserbaidschanischen werden alle Wörter **klein geschrieben**, es sei denn, sie stehen am Satzanfang oder es handelt sich um Eigennamen.

Die **Betonung** innerhalb eines Wortes liegt nicht grundsätzlich auf einer bestimmten Silbe. Zwar werden zahlreiche Wörter auf der letzten Silbe betont, doch gibt es auch solche, die nicht dieser Regel folgen. Bestehende Betonungsregeln werden daher jeweils an der entsprechenden Stelle behandelt.

2. Vokal- und Konsonantenharmonie

Ein Hauptmerkmal des Aserbaidschanischen ist die sogenannte **Vokalharmonie**. Sie besagt, dass ein Wort entweder nur helle bzw. vordere oder nur dunkle bzw. hintere Vokale besitzt. Gleichzeitig ist das ganze Wort samt seinen Konsonanten hell bzw. dunkel auszusprechen.

> Helle/vordere Vokale sind **e, ə, i, ö, ü**,
> dunkle/hintere Vokale sind **a, ı, o, u**.

Wird diese Regel nicht eingehalten, handelt es sich zumeist um Fremdwörter. So sind, abgesehen von westeuropäischen Begriffen wie **telefon** *Telefon* und **universitet** *Universität*, die auf dem Weg über das Russische Eingang in das Aserbaidschanische gefunden haben, Wörter wie **kitab** *Buch* und **şagird** *Schüler* arabischen bzw. persischen Ursprungs.

3. Suffixbildung

Das zweite Hauptmerkmal ist die Tatsache, dass das Aserbaidschanische als agglutinierende Sprache seine grammatischen Funktionen durch angehängte Silben, sogenannte **Suffixe**, ausdrückt. Damit das Gesetz der Vokalharmonie gewahrt bleibt, erhält ein Wort mit hellen Vokalen nur Suffixe mit ebenfalls hellen Vokalen, und ein Wort mit dunklen Vokalen nur Suffixe mit ebenfalls dunklen Vokalen. In jedem Fall – das gilt auch für Lehnwörter – richtet sich der Vokal des Suffixes nach dem Vokal der unmittelbar vorausgehenden Silbe. Im Einzelnen gelten folgende Regeln (vgl. hierzu die Übersicht über die aserbaidschanischen Suffixe S.105 ff.):

Lautlehre

1. Ein Suffix, das der **kleinen Vokalharmonie** unterliegt, erhält

nach **e, ə, i, ö, ü**	den Vokal **ə**,
nach **a, ı, o, u**	den Vokal **a**:

ev-**də**	im Haus	qız-**da**	bei der Tochter
göz-**də**	im Auge	yol-**da**	auf dem Weg

2. Ein Suffix, das der **großen Vokalharmonie** unterliegt, erhält

nach **e, ə, i**	den Vokal i,
nach **ö, ü**	den Vokal ü,
nach **a, ı**	den Vokal ı,
nach **o, u**	den Vokal u:

ev-**im**	mein Haus	qız-**ım**	meine Tochter
göz-**üm**	mein Auge	yol-**um**	mein Weg

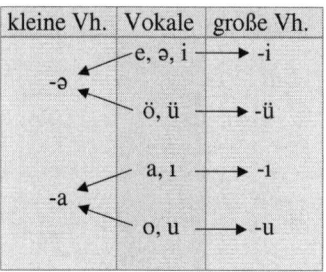

Trägt also im Folgenden ein Suffix den Vokal **ə**, ist dies als Hinweis auf die kleine Vokalharmonie zu verstehen; demgegeüber weist ein Suffix, das den Vokal **i** trägt, auf die große Vokalharmonie hin.

3. Zahlreiche überwiegend mehrsilbige Nomina auf **k** oder **q** „sonorisieren" ihren Endkonsonanten zu **y** bzw. zu **ğ**, wenn sie bei Anfügung eines vokalisch anlautenden Suffixes zwischen Vokale geraten:

köynə**k**	Hemd	köynə**y**-im	mein Hemd
ota**q**	Zimmer	ota**ğ**-ım	mein Zimmer

Bei mehrsilbigen Verbstämmen auf **t** sowie bei den einsilbigen Verbstämmen **get-** *gehen, fahren* und **et-** *tun, machen* wird dieser Konsonant immer dann zu **d**, wenn das sich anschließende Suffix mit einem Vokal beginnt:

eşitmək	hören	eşid-ir	er hört
unutmaq	vergessen	unud-ur	er vergisst
getmək	gehen	ged-ir	er geht
etmək	machen, tun	ed-ir	er macht

Diese Lautgesetze durchziehen die gesamte aserbaidschanische Grammatik. Mit ihrer Kenntnis genügt es meist, eine einzige Form in ihrer Zusammensetzung zu kennen, um die jeweils geltenden Regeln abzuleiten und selbständig alle übrigen Formen zu bilden.

Des Weiteren gilt:
Allgemein wird beim Anfügen von Suffixen das Aufeinandertreffen von Vokalen vermieden. Es wird entweder ein Bindekonsonant – meist ein **y** – eingeschoben, oder aber es entfällt der Anfangsvokal des Suffixes:

ev-ə	ins Haus	ev-im	mein Haus
ailə-y-ə	in die Familie	ailə-m	meine Familie

Aus diesem Grunde beginnen viele der im Folgenden wiedergegebenen Suffixe mit einem in Klammern gesetzten Anfangsbuchstaben.

Schließlich besitzt das Aserbaidschanische eine Reihe zweisilbiger, konsonantisch auslautender Substantive, die den Vokal ihrer zweiten Silbe verlieren, wenn ein Possessivsuffix folgt. Da einem Substantiv diese Eigenschaft nicht ohne Weiteres anzusehen ist, erhalten sie in den Wörterbüchern meist einen besonderen Hinweis:

ağız	Mund	ağzı	sein Mund
boyun	Hals	boynu	sein Hals
burun	Nase	burnu	seine Nase
fəsil	Jahreszeit	fəsli	seine Jahreszeit
fikir	Gedanke	fikri	sein Gedanke
könül	Herz, Gefühl	könlü	sein Herz, Gefühl
oğul	Sohn	oğlu	sein Sohn

I. Das Substantiv

1. Grundform und Nominativ des Substantivs

Das aserbaidschanische Substantiv hat keinen bestimmten Artikel; es unterscheidet auch nicht zwischen männlich, weiblich und sächlich:

Substantiv	e, ə, i	ö, ü	a, ı	o, u
auf Konsonant	ev *Haus*	göz *Auge*	qız *Tochter*	yol *Weg*
auf Vokal	ailə *Familie*	güzgü *Spiegel*	bağça *Garten*	qonşu *Nachbar*

In seiner Grundform hat es die Funktion eines sogenannten Kasus indefinitus und kann sowohl einen Singular wie einen Plural beinhalten. Gleichzeitig dient es auch als Subjektkasus, d.h. als Nominativ Singular:

işçi	bedeutet demnach *Arbeiter/Arbeiterin, Arbeiter/Arbeiterinnen* wie auch *der Arbeiter/die Arbeiterin.*

Das Demonstrativpronomen *dieser, diese, dieses* lautet **bu** (vgl. S. 19):

bu işçi	bedeutet *dieser Arbeiter/diese Arbeiterin.*

Das Zahlwort **bir** *eins* dient auch als unbestimmter Artikel:

bir işçi	bedeutet *ein Arbeiter/eine Arbeiterin.*

Nach Mengenangaben bleibt das Substantiv meist in seiner Grundform:

üç işçi	bedeutet *drei Arbeiter/drei Arbeiterinnen.*
çox işçi	bedeutet *viele Arbeiter/viele Arbeiterinnen.*

Substantiv	Plural	Possessive	Kasus	
ev	-lər		---	Nominativ
ailə			-(n)in	Genitiv
			-(y)ə	Dativ
			-(n)i	Akkusativ
			-də	Lokativ
			-dən	Ablativ

2. Der Plural

Der Plural wird im Aserbaidschanischen durch ein Suffix wiedergegeben, das **-lər** lautet. Gegenüber dem Grundbegriff wird es verwendet, um die Mehrzahl von Einzelpersonen oder -dingen zu bezeichnen:

e, ə, i	ö, ü	a, ı	o, u
evlər	gözlər	qızlar	yollar
ailələr	güzgülər	bağçalar	qonşular

Bu uşaqlar məktəblidir.	Diese Kinder sind Schulkinder.
Məktəblilər çalışqandır.	Die Schulkinder sind fleißig.

3. Der Genitiv

Der Genitiv wird durch das Suffix **-(n)in** ausgedrückt und antwortet auf die Fragen **kimin** *wessen*, **nəyin** *welcher Sache*. Nur **su** *Wasser* und **nə** *was* erhalten den Bindekonsonanten **y**: **suyun** *des Wassers*, **nəyin** *welcher Sache*:

e, ə, i	ö, ü	a, ı	o, u
evin	gözün	qızın	yolun
ailənin	güzgünün	bağçanın	qonşunun

Der Genitiv tritt vor allem im Zusammenhang mit dem Possessiv der 3. Person auf (vgl. S. 13):

Bu, müəllimin dəftəridir.	Dies ist das Heft des Lehrers.

Daneben dient er als Prädikatsnomen, um *gehören* zum Ausdruck zu bringen:

Bu dəftər kimindir?	Wessen ist dieses Heft = wem gehört dieses Heft?
Müəllimindir.	Es ist des Lehrers = es gehört dem Lehrer.

4. Der Dativ

Der Dativ antwortet auf die Fragen **kimə** *wem, zu wem*, **haraya** *wohin*, **nəyə** *wozu, wonach* wie auch zeitlich *bis wann* (vgl. S. 27). Das aserbaidschanische Dativsuffix lautet **-(y)ə**:

e, ə, i	ö, ü	a, ı	o, u
evə	gözə	qıza	yola
ailəyə	güzgüyə	bağçaya	qonşuya

Kimə kömək edirsən?	Wem hilfst du?
Uşaqlara kömək edirəm.	Ich helfe den Kindern.

Haraya gedirsiniz?	Wohin geht ihr?
Biz evə gedirik.	Wir gehen nach Hause.

Darüber hinaus gibt er die geplante zeitliche Dauer, die Ziel- und Zweckrichtung sowie die Höhe des Preises wieder, den man für eine Sache bezahlt hat:

Biz sabah bir həftəyə kəndə ziyarətə gedəcəyik.	Wir werden morgen für eine Woche zu Besuch ins Dorf fahren.
Məktəbdən evəcən birnəfəsə qaçmışam.	Ich bin in einem Atemzug von der Schule bis nach Hause gelaufen.
Mən sizi nahara gözləyirəm.	Ich erwarte euch zum Mittagessen.
Bu kitabları on manata aldım.	Ich habe diese Bücher für zehn Manat gekauft.

5. Der Akkusativ

Der Akkusativ antwortet auf die Fragen **kimi** wen, **nəyi** was. Er wird im Aserbaidschanischen nur dann verwendet, wenn ein bestimmtes Objekt bezeichnet werden soll. Das Akkusativsuffix lautet **-(n)i**. Auch hier erhalten **su** Wasser und **nə** was den Bindekonsonanten y: **suyu** das Wasser, **nəyi** was:

e, ə, i	ö, ü	a, ı	o, u
evi	gözü	qızı	yolu
ailəni	güzgünü	bağçanı	qonşunu

Kimi gözləyirsən?	Auf wen wartest du?
Həkimi gözləyirəm.	Ich warte auf den Arzt.

Nəyi axtarırsınız?	Was suchen Sie?
Poçtu axtarırıq.	Wir suchen die Post.

Ist das Objekt dagegen unbestimmt, bleibt das Substantiv in seiner Grundform:

Yaxşı bir restoran axtarırıq.	Wir suchen ein gutes Restaurant.

6. Der Lokativ

Der Lokativ antwortet auf die Fragen **kimdə** bei wem, **harada** wo, **nədə** worin sowie **nə vaxt** wann (vgl. S. 27) und wird im Deutschen durch die Präpositionen *in*, *an*, *auf*, *bei* und *um* ausgedrückt. Das Lokativsuffix lautet **-də**:

e, ə, i	ö, ü	a, ı	o, u
evdə	gözdə	qızda	yolda
ailədə	güzgüdə	bağçada	qonşuda

Haradasınız?	Wo seid ihr?
Biz otaqdayıq.	Wir sind im Zimmer.

Fatma kimdədir?	Bei wem ist Fatma?
Həkimdədir.	Sie ist beim Arzt.

7. Der Ablativ

Der Ablativ antwortet auf die Fragen **kimdən**, *von wem*, **haradan** *woher*, **nədən** *woraus, wodurch, weshalb, warum* sowie zeitlich *ab wann, seit wann* (vgl. S. 27). Das Ablativsuffix lautet **-dən**:

e, ə, i	ö, ü	a, ı	o, u
evdən	gözdən	qızdan	yoldan
ailədən	güzgüdən	bağçadan	qonşudan

Kitabı kimdən aldın?	Von wem hast du das Buch bekommen?
Onu müəllimdən aldım.	Ich habe es vom Lehrer bekommen.

Siz haradan gəldiniz?	Woher seid ihr gekommen?
Biz evdən gəldik.	Wir sind von zu Hause gekommen.

Bu köynəklər ipəkdən istehsal edilib.	Diese Hemden sind aus Seide hergestellt.

Des Weiteren gibt er die Einkaufs- und Informationsquelle, die Wegstrecke, die jemand bzw. etwas nimmt, den Ausgangspunkt einer Handlung wie auch die Ursache wieder, aus der heraus etwas geschieht:

Bazardan meyvə ilə tərəvəz aldık.	Wir haben auf dem Markt Obst und Gemüse gekauft.
Mən xəbəri radiodan eşitdim.	Ich habe die Nachricht im Radio gehört.
Açıq qapıdan səsini eşitdim	Ich habe deine Stimme durch die offene Tür gehört.
Orxan ilə mən uşaqlıqdan dost idik.	Orhan und ich waren von Kindheit an Freunde.
Yorgunluqdan gözlərimi aça bilməmişəm.	Ich konnte vor Müdigkeit meine Augen nicht öffnen.

8. Die Possessivsuffixe der 1. und 2. Personen

Auch die Possessive werden im Aserbaidschanischen durch Suffixe wiedergegeben. Hierbei entfällt jeweils der Anfangsvokal des Suffixes, wenn das vorausgehende Substantiv auf Vokal endet. Nur **su** *Wasser* und **nə** *was* erhalten wiederum den Bindekonsonanten **y**: **suyumuz** *unser Wasser*, **nəyimiz** *was von uns*:

Substantiv	Plural	Possessive		Kasus
ev	-lər	-(i)m	mein	---	Nominativ
ailə		-(i)n	dein	-in	Genitiv
			sein/ihr	-ə	Dativ
		-(i)miz	unser	-i	Akkusativ
		-(i)niz	euer, Ihr	-də	Lokativ
			ihr	-dən	Ablativ

e, ə, i	ö, ü	a, ı	o, u
evim	gözüm	qızım	yolum
evin	gözün	qızın	yolun
evimiz	gözümüz	qızımız	yolumuz
eviniz	gözünüz	qızınız	yolunuz
ailəm	güzgüm	bağçam	qonşum
ailən	güzgün	bağçan	qonşun
ailəmiz	güzgümüz	bağçamız	qonşumuz
ailəniz	güzgünüz	bağçanız	qonşunuz

Die Deklination ist regelmäßig:

Bu dəftər müəllimimindir.	Dieses Heft gehört meinem Lehrer.
Uşaqlarına kömək edirəm.	Ich helfe deinen Kindern.
Direktoruma zəng etdim.	Ich habe meinen Direktor angerufen.
Çamadanınızı axtarırsınızmı?	Suchen Sie Ihren Koffer?
Otaqlarımızdayıq.	Wir sind in unseren Zimmern.
Bu dərmanı həkiminizdən aldım.	Ich habe dieses Medikament von eurem Arzt bekommen.
Sevincimizdən ağladıq.	Wir haben vor Freude geweint.

Das Aserbaidschanische besitzt kein Verb, das dem deutschen Verb *haben* entspricht. Um anzuzeigen, dass man etwas hat, das (zu) einem gehört, wird der Possessiv in Verbindung mit **var** *vorhanden* bzw. **yox** *nicht vorhanden* verwendet:

Qələmin varmı?	Ist dein Stift vorhanden = hast du einen Stift?
Qələmim var.	Mein Stift ist vorhanden = ich habe einen Stift.

Um auszudrücken, dass man etwas (bei sich) hat, das zu einer anderen Person gehört, wird der Lokativ als Prädikatsnomen eingesetzt:

Qələmim səndədirmi?	Ist mein Stift bei dir = hast du meinen Stift?
Bəli, qələmin məndədir.	Ja, dein Stift ist bei mir = ich habe deinen Stift.

Das Deutsche verwendet diese Ausdrucksweise nur bei Personen:

Qızım sizdədirmi?	Ist meine Tochter bei euch?
Bəli, qızın bizdədir.	Ja, deine Tochter ist bei uns.

Hat man etwas bei sich, dessen Eigentümer nicht zur Diskussion steht, wird dies ebenfalls durch den Lokativ, diesmal jedoch mit **var** *vorhanden* bzw. **yox** *nicht vorhanden*, zum Ausdruck gebracht:

Səndə qələm varmı?	Ist bei dir ein Stift vorhanden = hast du einen Stift dabei?
Məndə qələm yox.	Bei mir ist kein Stift vorhanden = ich habe keinen Stift dabei.

9. Die Possessivsuffixe der 3. Personen

Die Possessivsuffixe der 3. Personen lauten **-(s)i** und **-ləri**:

Substantiv	Plural	Possessive		Kasus	
ev	-lər		mein	---	Nominativ
ailə			dein	-nin	Genitiv
		-(s)i	sein/ihr	-nə	Dativ
			unser	-ni	Akkusativ
			euer, Ihr	-ndə	Lokativ
		-ləri	ihr	-ndən	Ablativ

e, ə, i	ö, ü	a, ı	o, u
evi	gözü	qızı	yolu
ailəsi	güzgüsü	bağçası	qonşusu

Da ein Wort das gleiche Suffix nur einmal erhält, kann die Form auf **-ləri** insgesamt drei verschiedene Bedeutungen haben. Häufig erhält jedoch ein Gegenstand, der mehrere Eigentümer hat, nur das Possessivsuffix der 3. Person Singular:

(onun) ev-lər-i	seine/ihre Häuser
(onların) ev-ləri	ihr Haus
(onların) ev-lər-ləri	ihre Häuser

Folgt auf die Possessivsuffixe der 3. Personen ein Kasussuffix, wird grundsätzlich ein sogenanntes **pronominales n** eingeschoben. Damit ergeben sich bei Substantiven, die auf Konsonant auslauten, die gleichen Formen wie beim Possessiv der 2. Person Singular. Die Bedeutung ergibt sich aus dem Zusammenhang:

Qonşumuz uşaqlarına kömək edir.	Unser Nachbar hilft seinen Kindern.
Atam direktoruna zəng etdi.	Mein Vater hat seinen Direktor angerufen.
Anam çamadanını axtarır.	Meine Mutter sucht ihren Koffer.
Uşaqlar otaqlarındadır.	Die Kinder sind in ihren Zimmern.
Dostum bu dərmanı həkimindən aldı.	Mein Freund hat dieses Medikament von seinem Arzt bekommen.

10. Die Genitiv-Possessiv-Konstruktion

Soll ein Eigentumsverhältnis zum Ausdruck gebracht werden und ist der Eigentümer eine dritte Person, wird er – wie im Deutschen – in den Genitiv gesetzt. Der Eigentumsgegenstand wird ihm nachgestellt und erhält grundsätzlich das Possessivsuffix der 3. Person:

| şəhərin mərkəzi | das Zentrum der Stadt |

Substantiv	Plural	Poss.	Kasus
şəhər	-lər	-(i)m	
kənd		-(i)n	**-nin**
		-(s)i	
		-(i)miz	
		-(i)niz	
		-ləri	

Substantiv	Plural	Poss.	Kasus
mərkəz	-lər		---
həkim			-nin
		-(s)i	-nə
			-ni
			-ndə
		-ləri	-ndən

Qonşumuzun uşaqlarına kömək edirəm.	Ich helfe den Kindern unseres Nachbarn.
Məktəbimin direktoruna zəng etdim.	Ich habe den Direktor meiner Schule angerufen.
Anamın çamadanını axtarıram.	Ich suche den Koffer meiner Mutter.
Qardaşımın otağındayam.	Ich bin im Zimmer meines Bruders.
Bu dərmanı kəndinizin həkimindən aldım.	Ich habe dieses Medikament von dem Arzt eures Dorfes bekommen.
Şəhərimizin mərkəzindən gəldik.	Wir sind aus dem Zentrum unserer Stadt gekommen.

Der Possessiv der 3. Person folgt auch auf den sogenannten Genitivus partitivus; gelegentlich tritt jedoch auch der Ablativus partitivus an die Stelle des Genitivs:

Qardaşlarımın biri həkimdir.	Einer meiner Brüder ist Arzt.
Qardaşlarımdan biri həkimdir.	Einer von meinen Brüdern ist Arzt.

11. Zusammengesetzte Substantive

Demgegenüber werden zusammengesetzte Substantive wie *Stadtzentrum* durch eine sogenannte unvollständige Genitiv-Possessiv-Konstruktion wiedergegeben, das heißt, das erste Substantiv bleibt ohne den Genitiv, das zweite jedoch erhält das Possessivsuffix der 3. Person:

| şəhər mərkəzi | Stadtzentrum |

Şəhər mərkəzindən gəldik.	Wir sind aus dem Stadtzentrum gekommen.
Bu dərmanı kənd həkimindən aldım.	Ich habe dieses Medikament vom Dorfarzt bekommen.
Məktəb direktoruna zəng etdim.	Ich habe den Schuldirektor angerufen.

Gehört ein solcher Begriff (zu) einer bestimmten Person, entfällt das Possessivsuffix des Grundbegriffs zugunsten der im konkreten Fall erforderlichen Possessivendung:

Şəhər mərkəzimizdən gəldik.	Wir sind aus unserem Stadtzentrum gekommen.
Bu dərmanı kənd həkiminizdən aldım.	Ich habe dieses Medikament vom eurem Dorfarzt bekommen.
Məktəb direktoruma zəng etdim.	Ich habe meinen Schuldirektor angerufen.

Geographische Bezeichnungen, Wochentage und Monatsnamen bilden mit einer näheren Bestimmung ebenfalls ein zusammengesetztes Substantiv. Auch Nationalitätsbezeichnungen wie **İngilis**, **Türk**, **Alman**, **Rus** sind reine Substantive und können daher mit einem weiteren Substantiv nur in Form eines zusammengesetzten Substantivs verbunden werden:

Bakı şəhəri	die Stadt Baku
Xəzər dənizi	das Kaspische Meer
Avqust ayı	der Monat August
bir ingilis tələbəsi	ein englischer Student
alman turistləri	deutsche Touristen

II. Das Adjektiv

1. Der Gebrauch des Adjektivs

Das Adjektiv erfüllt im Aserbaidschanischen die gleichen Funktionen wie im Deutschen, d.h. es kann als Attribut, als Prädikatsnomen, als Substantiv wie auch als Adverb dienen.

Attributiv gebraucht, steht das Adjektiv, ohne dekliniert zu werden, jeweils unmittelbar vor dem Substantiv, auf das es sich bezieht:

Təzə məktəbimizin direktoruna zəng etdim.	Ich habe den Direktor unserer neuen Schule angerufen.
Məktəbimizin təzə direktoruna zəng etdim.	Ich habe den neuen Direktor unserer Schule angerufen.
Təzə məktəb direktorumuza zəng etdim.	Ich habe unseren neuen Schuldirektor angerufen.

Der unbestimmte Artikel **bir** *eins* tritt zwischen Adjektiv und Substantiv:

Bakıda böyük bir evimiz var.	Wir haben ein großes Haus in Baku.

Demgegenüber wird **bir** an erster Stelle genannt, wenn es als Zahlwort verstanden werden soll. Dieses Prinzip gilt auch für die übrigen Zahlwörter:

Bakıda iki böyük evimiz var.	Wir haben zwei große Häuser in Baku.

Wird das Adjektiv substantivisch gebraucht, kann es dekliniert werden:

Uşaqlar saat neçədə yatır?	Um wieviel Uhr gehen die Kinder schlafen?
Kiçiklər saat səkkizdə, böyüklər saat onda yatır.	Die Kleinen gehen um acht Uhr, die Großen um zehn Uhr schlafen.

Das Adjektiv dient auch als Prädikatsnomen:

| Evimiz böyükdür. | Unser Haus ist groß. |

Schließlich können fast alle beschreibenden Adjektive auch als Adverb dienen; Adjektive, die eine Gemütsverfassung beschreiben, werden meist um **halda** *im Zustand* ergänzt:

| Mən sizi yaxşı başa düşürəm. | Ich verstehe Sie gut. |
| Atamız razı halda işdən qayıdıb gəldi. | Unser Vater ist zufrieden von der Arbeit zurückgekommen. |

2. Der Komparativ

Um den **Komparativ** zu bilden, stellt man vor das Adjektiv das Wort **daha** *noch (mehr)*:

| Bacım böyükdür, amma qardaşım daha böyükdür. | Meine Schwester ist groß, aber mein Bruder ist größer/älter. |

Das vergleichende *als* wird durch den Ablativ des verglichenen Nomens ausgedrückt. Das Wort **daha** ist dann entbehrlich, kann aber als Verstärkung hinzugesetzt werden:

| Qardaşım bacımdan (daha) böyükdür. | Mein Bruder ist (noch) größer/älter als meine Schwester. |
| Qardaşım bacımdan iki yaş böyükdür. | Mein Bruder ist zwei Jahre älter als meine Schwester. |

3. Der Superlativ

Zur Bildung des Superlativs stellt man vor das Adjektiv das Wort **ən** *höchst, am meisten*:

| Ən yaxın avtobus dayanacağı haradadır? | Wo ist die nächstgelegene Bushaltestelle? |

Şagirdlərin ən çalışqanı hansısıdır?	Welches ist der fleißigste der Schüler?
Almaların ən yaxşılarını seçib aldıq.	Wir haben uns die besten der Äpfel ausgesucht.

4. Intensivformen

Ein Adjektiv kann in seiner Bedeutung durch Ausdrücke wie **çox** *sehr*, **lap** *völlig, höchst*, **düm** *ganz, völlig*, **bərk** *fest, hart*, **yaman** *schlimm, übel*, durch Verdoppelung oder auch eine Komparativ-Form verstärkt werden:

çox gözəl	sehr schön	çox baha	sehr/zu teuer
lap yaxşı	bestens	yavaş-yavaş	ganz langsam
bərk xestə	schwerkrank	yaman isti	schrecklich heiß
dümsarı	ganz gelb	hamıdan yaxşı	besser als alle(s)

Xahiş edirəm, yavaş-yavaş danışın!	Bitte sprechen Sie ganz langsam!

Daneben gibt es Intensivformen, die dadurch entstehen, dass man die ersten beiden Buchstaben, bei vokalisch anlautenden Adjektiven den Anfangsvokal, verdoppelt und ein **p**, ein **m**, in seltenen Fällen auch ein **r** oder **s** einschiebt; die Betonung fällt dabei auf die Vorsilbe:

ağ	weiß	apağ	ganz weiß
qara	schwarz	qapqara	tiefschwarz
qırmızı	rot	qıpqırmızı	feuerrot
sarı	gelb	sapsarı	ganz gelb
göy	blau	gömgöy	tiefblau
yaşıl	grün	yamyaşıl	grasgrün
təmiz	sauber	tərtəmiz	blitzsauber
bütün	ganz	büsbütün	voll und ganz

Umgekehrt werden Farbbezeichnungen durch das Suffix **-(i)mtıl** in ihrer Bedeutung abgeschwächt:

ağ	weiß	ağımtıl	weißlich
qara	schwarz	qaramtıl	schwärzlich

III. Adverbien

Als Lokaladverbien verwendet das Aserbaidschanische die Begriffe **burada** *hier*, **orada** *dort*, **içəridə** *drinnen*, **dışarıda/eşikdə** *draußen*, **aşağıda** *unten*, **yuxarıda** *oben*, **sağda** *rechts*, **solda** *links*, **irəlidə** *vorwärts, vorne*, **geridə** *rückwärts, hinten*, **bir yerdə** *irgendwo*, **heç yerdə** (+ Neg.) *nirgends*, **hər yerdə** *überall*:

| Burada ne edirsən? | Was machst du hier? |

Zur Bezeichnung des Ausgangspunktes bzw. des Ziels einer Bewegung erhalten sie anstelle des Lokativsuffixes das Ablativ- bzw. das Dativsuffix:

| Mən buradan zəng edə bilərəmmi? | Kann ich von hier aus telefonieren? |
| Sabah buraya gəlin! | Kommt morgen hierher! |

Die wichtigsten Entsprechungen deutscher Temporaladverbien sind **sırağa-gün/irəli gün** *vorgestern*, **dünən** *gestern*, **bugün** *heute*, **sabah** *morgen*, **birisi gün** *übermorgen*, **indi** *jetzt, gleich*, **dərhal/həman** *sofort*, **hələlik** *zur Zeit*, **yaxında** *bald, in Kürze, vor kurzem*, **tez-tez/çox vaxt** *oft*, **bəzən** *manchmal*, **az** *selten*, **hər vaxt** *jederzeit*, **həmişə** *immer*, **çoxlu** *meistens*, **heç vaxt** (+ Neg.) *niemals*:

| Mən indi gedirəm. | Ich gehe jetzt. |
| Qatar indiyəcən gəlməyib. | Der Zug ist bis jetzt nicht gekommen. |

Als Modaladverbien dienen **bəlkə** *vielleicht*, **əlbəttə** *sicherlich*, **gözüm üstə/məmnuniyyətlə** *gerne, mit Vergnügen*, **təəssüf ki/əfsus ki/ heyif ki** *bedauerlicherweise, leider*, **havayı/boşuna** *umsonst*, **belə** *so, auf diese Art*, **elə** *so, auf solche Art* sowie fast alle beschreibende Adjektive:

| Təəssüf ki, mənim çox işim var. | Ich habe leider viel zu tun. |
| Siz azərbaycanca yaxşı danışırsınız. | Sie sprechen gut Aserbaidschanisch. |

IV. Pronomina

1. Demonstrativpronomina

Das Aserbaidschanische besitzt folgende Demonstrativpronomina:

bu	dieser, diese, dieses	(räumlich und zeitlich in unmittelbarer Nähe)
o	jener, jene, jenes	(allgemein sowie räumlich und zeitlich entfernt).

Attributiv vor ein Substantiv gestellt, bleiben auch sie undekliniert:

Bu kitabı haradan aldın?	Wo hast du dieses Buch gekauft?

Werden sie substantivisch gebraucht, wird bei der Deklination ein sogenanntes **pronominales n** eingeschoben, bevor ein Suffix anschließt. Bilden sie das Subjekt des Satzes, werden sie durch ein Komma vom Rest des Satzes abgehoben:

Bunu haradan aldın?	Wo hast du das gekauft?
Bu, qardaşımdır.	Dies ist mein Bruder.

2. Personalpronomina

Die aserbaidschanischen Personalpronomina lauten:

mən	ich	sən	du, Sie	o	hier: er, sie
biz	wir	siz	ihr	onlar	sie

Da das Subjekt eines Satzes bei den 1. und 2. Personen bereits im Prädikat enthalten ist, sind die Personalpronomina im Nominativ an und für sich entbehrlich, doch werden sie häufig zusätzlich an den Satzanfang gestellt:

(Siz) haradasınız?	Wo seid ihr?
(Biz) evdəyik.	Wir sind zu Hause.

Die Deklination der Personalpronomina ist weitgehend regelmäßig:

mən	ich	sən	du	o	er, sie
mənim	meiner	sənin	deiner	onun	seiner, ihrer
mənə	mir	sənə	dir	ona	ihm, ihr
məni	mich	səni	dich	onu	ihn, sie
məndə	bei mir	səndə	bei dir	onda	bei ihm/ihr
məndən	von mir	səndən	von dir	ondan	von ihm/ihr

biz	wir	siz	ihr, Sie	onlar	sie
bizim	unser	sizin	euer, Ihrer	onların	ihrer
bizə	uns	sizə	euch, Ihnen	onlara	ihnen
bizi	uns	sizi	euch, Sie	onları	sie
bizdə	bei uns	sizdə	bei euch/Ihnen	onlarda	bei ihnen
bizdən	von uns	sizdən	von euch/Ihnen	onlardan	von ihnen

Ein *es* als formales Subjekt verwendet das Aserbaidschanische nicht:

Yağış yağmağa başladı.	Der Regen hat angefangen, zu regnen = es hat angefangen, zu regnen.

3. Possessivpronomina

Die Genitive der Personalpronomina können als Possessivpronomina verstanden werden. Da das Aserbaidschanische jedoch den Gebrauch von Possessivsuffixen bevorzugt, werden die Personalpronomina im Genitiv meist nur zur Betonung des Besitzanspruchs zusätzlich vorangestellt:

Qələmim haradadır?	Wo ist mein Stift?
Mənim qələmim haradadır?	Wo ist **mein** Stift?

Allerdings gibt es häufig gebrauchte Wendungen, bei denen zugunsten des Possessivpronomens ganz auf das Possessivsuffix verzichtet wird:

Bura bizim evdir.	Das hier ist unser Haus/ das hier ist unser Zuhause.

4. Das Reflexivpronomen

Das deutsche Reflexivpronomen *selbst* ist im Aserbaidschanischen ein Substantiv: **öz** *das Selbst*. Die Personen werden durch die Possessivsuffixe wiedergegeben:

özüm	ich selbst	özümüz	wir selbst
özün	du selbst	özünüz	ihr selbst
özü	er/sie selbst	özləri	sie selbst

Mən özüm şəhərə getdim.	Ich bin selbst in die Stadt gefahren.
Rəsimdəki balaca oğlan uşağı sən özünsən.	Der kleine Junge auf dem Bild bist du selbst.
Bu ağacları anam özü əkib.	Meine Mutter hat diese Bäume selbst gepflanzt.

Die Deklination ist regelmäßig:

Mən özümə bir kitab aldım.	Ich habe mir ein Buch gekauft.
Mən özümü yaxşı hiss edirəm.	Ich fühle mich wohl.
Yuxudan ayılanda heç özümdə deyildim.	Als ich vom Schlaf erwacht bin, war ich überhaupt nicht bei mir.

Attributiv vor ein Substantiv mit Possessivsuffix gestellt, entspricht **öz** dem Deutschen *eigen*:

| Mən öz əlimlə öz evimi tikdim. | Ich habe mit meinen eigenen Händen mein eigenes Haus gebaut. |
| Mən onu öz gözümlə gördüm. | Ich habe es mit eigenen Augen gesehen. |

Stellt man das attributive **öz** vor das Substantiv **öz** mit Possessiv- und Kasussuffix, entsteht die Bedeutung *sich selbst*:

| Oğlan öz-özünə anlaşılmaz sözlər danışdı. | Der Junge sagte unverständliche Worte zu sich selbst. |

5. Das reziproke Pronomen

Das aserbaidschanische reziproke Pronomen lautet **bir-bir**. Die Personenbezeichnungen erhält es ebenfalls durch Anfügung der Possessivsuffixe:

Bir-birimizə kömək edirik.	Wir helfen uns gegenseitig.
Bir-birinizi tanıyırsınızmı?	Kennt ihr euch?
İki qardaş bir-birinə oxşayır.	Die beiden Brüder ähneln einander.
Uşaqlar bir-birlərindən qorxmurlar.	Die Kinder haben keine Angst voreinander.

6. Indefinitpronomina

Anstelle des deutschen Indefinitpronomens *man* verwendet das Aserbaidschanische das Passiv in der 3. Person Singular, das Aktiv in der 3. Person Plural oder eine Infinitivkonstruktion:

Bu söz necə səslənir?	Wie wird dieses Wort ausgesprochen = wie spricht man dieses Wort aus?
Mənə Fatma dəyərlər.	Sie sagen Fatma zu mir = man nennt mich Fatma.
Burada şəkil çəkmək olarmı?	Ist es gestattet, hier zu fotografieren = darf man hier fotografieren?

Im Übrigen kennt das Aserbaidschanische keinen Unterschied zwischen bejahten und verneinten Indefinitpronomina, da Bejahung wie Verneinung eines aserbaidschanischen Satzes innerhalb des Prädikats erfolgen. **Kimsə** *wer es auch sei* kann danach sowohl *jemand* wie auch *niemand*, **bir şey** *eine Sache* sowohl *etwas* wie auch *nichts* bedeuten, wobei die verneinte Form noch durch **heç** *überhaupt* verstärkt werden kann:

Kimsə gəldimi?	Ist **jemand** gekommen?
Kimsə gəlmədi.	Es ist **niemand** gekommen.

Bir şey almaq istəyirsinizmi?	Möchten Sie **etwas** kaufen?
Çox sağ olun, mən bir şey almaq istəmirəm.	Vielen Dank, ich möchte **nichts** kaufen.

Zur Wiedergabe von *(grundsätzlich) überhaupt niemand* und *überhaupt nichts* dienen **heç kim** oder **heç kəs** sowie **heç nə**:

Adamın kim olduğunu heç kəs deyə bilmirdi.	Niemand konnte sagen, wer der Mann war.
Mən heç nə başa düşmədim.	Ich habe überhaupt nichts verstanden.

7. Interrogativpronomina

Die wichtigsten Interrogativpronomina sind **kim** *wer*, **nə** *was* und **hansı** *welcher*.

Kim wird regelmäßig dekliniert: **kimlər** *wer alles*, **kimin** *wessen*, **kimə** *wem*, **kimi** *wen*, **kimdə** *bei wem*, **kimdən** *von wem*.

Auf **nə** basieren **nələr** *was alles*, **nəyin** *welcher Sache*, **nəyə/niyə** *wozu, wonach*, **nəyi** *was*, **nədə** *worin*, **nədən** *woraus, weshalb*, **nə üçün** *wofür, warum*, **nə qədər** *wie viel, wie sehr, wie lange*, **nə vaxt** *wann*, **nə cür** *von welcher Art*, **necə** *wie*, **neçə** *wie viele*, **neçəyə** *zu welchem Preis*, **(saat) neçədə** *um wie viel Uhr*, **neçənci** *der wievielte*.

Auf der Basis von **ha-** sind **hara** *welche Gegend*, **haraya** *wohin*, **harada** *wo*, **hayanda** *in welcher Richtung*, **haradan** *woher*, **haralı** *woher stammend*, **haçan** *wann* entstanden.

Die Wortfolge ist im Aserbaidschanischen bei Fragesätzen und Aussagesätzen die gleiche, d.h. das Fragepronomen steht nicht grundsätzlich am Satzanfang; es erhält jedoch die **Betonung** innerhalb eines Satzes:

Adım Şirindir.	Ich heiße Schirin.
Adınız nədir?	Wie heißen Sie?

Hava istidir.	Das Wetter ist warm.
Hava necədir?	Wie ist das Wetter?

Bizə çörək lazımdır.	Wir brauchen Brot.
Sizə nə lazımdır?	Was braucht ihr?

Bu küçə vağzala aparır.	Diese Straße führt um Bahnhof.
Bu küçə haraya aparır?	Wohin führt diese Straße?

8. Die Fragepartikel -mi

Für Fragen, die mit *ja* oder *nein* beantwortet werden, verwendet das Aserbaidschanische eine Partikel **-mi,** mit deren Hilfe jeder Aussagesatz zu einem Fragesatz wird:

Çay varmı?	Gibt es Tee?
Eviniz böyükdürmü?	Ist euer Haus groß?
Sən dünən dostuma zəng etdinmi?	Hast du gestern meinen Freund angerufen?

Meist hat sie ihren Platz am Ende einer Verbform; sie kann jedoch auch, wenn es die Bedeutung erfordert, direkt an das Wort angefügt werden, auf dem das Gewicht der Frage liegt. In jedem Fall zieht sie die **Betonung** auf die ihr unmittelbar vorausgehende Silbe:

Sənmi dünən dostuma zəng etdin?	Hast **du** gestern meinen Freund angerufen?
Sən dünənmi dostuma zəng etdin?	Hast du **gestern** meinen Freund angerufen?
Sən dünən dostumamı zəng etdin?	Hast du gestern **meinen Freund** angerufen?
Sən dünən dostuma zəngmi etdin?	Hast du gestern meinen Freund **angerufen**?

Durch mehrfachen Einsatz können Alternativfragen zum Ausdruck gebracht werden; eine Konjunktion *oder* ist in diesem Zusammenhang entbehrlich:

| Sən çaymı içirsən, qəhvəmi? | Trinkst du Tee oder Kaffee? |
| Qonaqlar gəldilərmi gəlmədilərmi? | Sind die Gäste gekommen oder nicht? |

Teilweise wird die Fragepartikel nicht mehr verwendet, so dass nur noch die Betonung geblieben ist:

Evdə çay var ya yox?	Gibt es zu Hause Tee oder nicht?
Eviniz böyükdür?	Ist euer Haus groß?
Sən dostuma zəng etdin?	Hast du meinen Freund angerufen?

V. Die Zahlen

1. Die Kardinalzahlen

Die aserbaidschanischen Zahlwörter lauten:

1	bir	10	on	100	yüz	1.000	min
2	iki	20	iyirmi	200	iki yüz	2.000	iki min
3	üç	30	otuz	300	üç yüz	3.000	üç min
4	dörd	40	qırx	400	dörd yüz	4.000	dörd min
5	beş	50	əlli	500	beş yüz	5.000	beş min
6	altı	60	altmış	600	altı yüz	6.000	altı min
7	yeddi	70	yetmiş	700	yeddi yüz	7.000	yeddi min
8	səkkiz	80	səksən	800	səkkiz yüz	8.000	səkkiz min
9	doqquz	90	doxsan	900	doqquz yüz	9.000	doqquz min

Zusammengesetzte Zahlen werden durch Hintereinanderstellung von Tausender-, Hunderter-, Zehner- und Einerzahlen gebildet:

21	iyirmi bir
321	üç yüz iyirmi bir
4.321	dörd min üç yüz iyirmi bir
54.321	əlli dörd min üç yüz iyirmi bir

Die Zahlen können sowohl attributiv vor ein Substantiv gestellt werden wie auch selbst als Substantive auftreten:

Bir əldə iki qarpız tutmaq olmaz.	Es ist nicht möglich, zwei Wassermelonen in einer Hand zu halten.
İki uşağım var, biri oğlan, biri qızdır; ikisi hənüz məktəbə gedir.	Ich habe zwei Kinder, eines (davon) ist ein Junge, eines ein Mädchen; beide gehen noch zur Schule.
Ərim ilə mən ikimiz xəstəxanada işləyirik.	Mein Mann und ich arbeiten beide im Krankenhaus.

2. Alter

Die Frage nach dem Alter kann auf zweierlei Art erfolgen:

Neçə yaşınız var?	Wie alt sind Sie?
Mənim iyirmi yaşım var.	Ich bin zwanzig Jahre alt.

Neçə yaşındasınız?	Wie alt sind Sie?
İyirmi yaşındayam.	Ich bin zwanzig Jahre alt.

3. Die Uhrzeit

Das Wort **saat** bedeutet sowohl *Stunde* als auch *Uhr*:

Mən iki saat gözlədim.	Ich habe zwei Stunden gewartet.

Zur Angabe der Uhrzeit wird das Zahlwort prädikativ gebraucht, d.h. hinter **saat** gestellt:

	Saat nəçədir?	Wie viel Uhr ist es?
2:00	Saat ikidir.	Es ist zwei Uhr.
2:05	Saat iki beş dəqiqədir/ saat üçə beş dəqiqə işləyir.	Es ist zwei Uhr fünf/ es arbeitet fünf Minuten auf drei Uhr hin.
2:15	Saat iki on beş dəqiqədir/ saat üçə on beş dəqiqə işləyir.	Es ist zwei Uhr fünfzehn/ es arbeitet fünfzehn Minuten auf drei Uhr hin.
2:30	Saat iki otuz dəqiqədir/ saat üçün yarısıdır.	Es ist zwei Uhr dreißig/ es ist die Hälfte von drei Uhr.
2:45	Saat iki qırx beş dəqiqədir/ saat üçə on beş dəqiqə qalır.	Es ist zwei Uhr fünfundvierzig/ bis drei Uhr bleiben fünfzehn Minuten.
2:55	Saat iki əlli beş dəqiqədir/ saat üçə beş dəqiqə qalır.	Es ist zwei Uhr fünfundfünfzig/ bis drei Uhr bleiben fünf Minuten.
3:00	Saat üçdür.	Es ist drei Uhr.

Weitere Zeitangaben sind:

24:00	Gecə saat on ikidir/ gecəyarısıdır.	Es ist zwölf Uhr nachts/ es ist Mitternacht/
6:00	Səhər saat altıdır.	Es ist sechs Uhr morgens.
12:00	Gündüz saat on ikidir/ günortadır.	Es ist zwölf Uhr tags/ es ist Mittag.
18:00	Axşam saat altıdır.	Es ist sechs Uhr abends.

Im Zusammenhang mit der Uhrzeit übernimmt das Lokativsuffix die Funktion der deutschen Präposition *um*:

Saat neçədə gəlirsən?		Um wie viel Uhr kommst du?
2:00	Saat ikidə.	Um zwei Uhr.
2:05	Saat iki beşdə/ saat üçə beş dəqiqə işləyəndə.	Um zwei Uhr fünf/ wenn auf drei Uhr hin fünf Minuten arbeiten.
2:15	Saat iki on beşdə/ saat üçə on beş dəqiqə işləyəndə.	Um zwei Uhr fünfzehn/ wenn auf drei Uhr hin fünfzehn Minuten arbeiten.
2:30	Saat iki otuzda/ saat üçün yarısında.	Um zwei Uhr dreißig/ in der Hälfte von drei Uhr.
2:45	Saat iki qırx beşdə/ saat üçə on beş dəqiqə qalanda.	Um zwei Uhr fünfundvierzig/ wenn bis drei Uhr fünfzehn Minuten bleiben.
2:55	Saat iki əlli beşdə/ saat üçə beş dəqiqə qalanda.	Um zwei Uhr fünfundfünfzig/ wenn bis drei Uhr fünf Minuten bleiben.
3:00	Saat üçdə.	Um drei Uhr.

Wie der Lokativ können auch der Ablativ und der Dativ zeitliche Bedeutung haben:

Mən saat ikidən dördə qədər kitabxanada işlədim.	Ich habe von zwei bis vier Uhr in der Bibliothek gearbeitet.

4. Ordinalzahlen

Zur Bildung von Ordinalzahlen tritt an die Zahlwörter das Suffix **-(i)nci:**

birinci	der/die erste	altıncı	der/die sechste
ikinci	der/die zweite	yeddinci	der/die siebte
üçüncü	der/die dritte	səkkizinci	der/die achte
dördüncü	der/die vierte	doqquzuncu	der/die neunte
beşinci	der/die fünfte	onuncu	der/die zehnte

Weitere Begriffe mit diesem Suffix sind:

əvvəlinci	der erste	ortancı	der mittlere
axırıncı/sonuncu	der letzte	neçənci	der wievielte

Otağınız neçənci mərtəbədədir?	Im wievielten Stock ist Ihr Zimmer?
Otağım ikinci mərtəbədədir.	Mein Zimmer ist im zweiten Stock.
Axırıncı seansa biletiniz varmı?	Haben Sie Karten für die letzte Vorstellung?

Die Bezeichnungen für *der allererste* und *der allerletzte* sind **ilk** und **son**:

Bu mənim ilk dəfəmdir ki, buraya gəldim.	Dies ist mein allererstes Mal, dass ich hierher gekommen bin.
Son stansiyanın adı nədir?	Wie heißt die Endstation?

5. Das Datum

Die in Aserbaidschan verwendeten Namen der Wochentage lauten:

bazar	Sonntag	cümə axşamı	Donnerstag
bazar ertəsi	Montag	cümə	Freitag
çərşənbə axşamı	Dienstag	şənbə	Samstag
çərşənbə	Mittwoch		

Bugün hansı gündür?	Welcher Tag ist heute?
Bugün bazar ertəsidir.	Heute ist Montag.

Die Monatsnamen sind aus dem Russischen übernommen:

yanvar	Januar	iyul	Juli
fevral	Februar	avqust	August
mart	März	sentyabr	September
aprel	April	oktyabr	Oktober
may	Mai	noyabr	November
iyun	Juni	dekabr	Dezember

Hansı ayda gələcəksiniz?	In welchem Monat werdet ihr kommen?
Avqust ayında gələcəyik.	Wir werden im (Monat) August kommen.

Das Tagesdatum wird entweder als einfache Kardinalzahl vor den Monatsnamen gestellt oder mit dem Monatsnamen zu einer Genitiv-Possessiv-Konstruktion verbunden:

Bugün ayın neçəsidir?	Der wievielte des Monats ist heute?
Bugün bir avqustdur/ bugün avqustun biridir.	Heute ist der erste August.

Die Jahreszahlen werden entweder als Ordinalzahlen wiedergegeben oder bilden mit der Bezeichnung il *Jahr* ein zusammengesetztes Substantiv. Dabei werden die Zahlen von *eins* bis *zehn* ausgeschrieben; bei der Schreibung der übrigen Zahlen wird hinter die Zahl jeweils ein Bindestrich gesetzt:

Siz nə vaxt anadan olmuşsunuz?	Wann sind Sie geboren?
Mən 1977-ci ildə anadan olmuşam/ mən 1977 ilində anadan olmuşam.	Ich bin im Jahre 1977 geboren.

Eine volle Datums- und Zeitangabe lautet:

Bugün 2012-ci il, dekabrın biri, şənbə günü, axşam saat səkkizdir.	Heute ist Samstag, der 1. Dezember 2012, abends acht Uhr.

6. Bruchzahlen

Bruchzahlen werden im Aserbaidschanischen gebildet, indem man zuerst den Nenner angibt, ihn in den Lokativ setzt, und anschließend den Zähler nennt:

| 2/3 | üçdə iki | zwei in drei
= zwei Drittel |

| Pulun üçdə ikisini almışam. | Ich habe zwei Drittel des Geldes genommen. |

Dezimal- und Prozentangaben werden auf die gleiche Art wiedergegeben:

0,5	onda beş	fünf Zehntel
1,5	bir tam onda beş	ein Ganzes, fünf Zehntel
25%	yüzdə iyirmi beş	fünfundzwanzig in hundert

Alternativ hierzu können Dezimalzahlen durch **vergül** *Komma* abgesetzt und bei Prozentangaben das Substantiv **faiz** *Prozent* verwendet werden:

1,5	bir vergül beş	eins Komma fünf
25%	iyirmi beş faiz	25 Prozent

| Şimali Azərbaycanın nüfusunun altmış yeddi vergül doqquz faizi Azərilərdən ibarətdir. | 67,9% der Bevölkerung Nordaserbaidschans besteht aus Aserbaidschanern. |

7. Distributivzahlen

Die Bildung von Distributivzahlen erfolgt durch den Ablativ, der entweder an das Zahlwort oder an das auf das Zahlwort folgende Substantiv angefügt wird:

| Bakıdan kəndimizə hər iki saatdan bir avtobus gələr. | Aus Baku kommt alle zwei Stunden ein Bus in unser Dorf. |

VI. Postpositionen

1. Postpositionen mit dem Nominativ

Die sogenannten Verhältniswörter werden im Aserbaidschanischen hinter das Nomen gestellt, auf das sie sich beziehen. Was in anderen Sprachen als **Prä**positionen bezeichnet wird, sind hier demnach **Post**positionen. Bei folgenden Postpositionen bleibt das Substantiv in seiner Grundform:

ilə – umgangssprachlich auch **inən** – *mit*:

Təyyarə ilə (təyyare inən) gəldik.	Wir sind mit dem Flugzeug gekommen.
Qatar ilə (qatar inən) gəldik.	Wir sind mit dem Zug gekommen.

Diese Postposition wird häufig als Suffix verwendet und fügt sich dann in die kleine Vokalharmonie ein. Ihr ursprünglicher Anfangsvokal wird nach vorausgehendem Vokal zu **y** und entfällt nach Konsonant ganz:

Təyyarəylə (təyyarəynən) gəldik.	Wir sind mit dem Flugzeug gekommen.
Qatarla (qatarnan) gəldik.	Wir sind mit dem Zug gekommen.

Daneben erfüllt **ilə** noch folgende Funktionen:

Berlin vaxtı ilə saat on altıdır.	Nach Berliner Zeit ist es 16 Uhr.
Mən məktubu sizə dostumla göndərmişdim.	Ich hatte Ihnen den Brief durch meinen Freund geschickt.
Bu yol ilə gedin!	Gehen Sie auf diesem Weg!
Məşə yolu ilə gəldik.	Wir sind auf dem Weg durch den Wald gekommen.
Ata-anamın arzusu ilə gəldim.	Ich bin auf Wunsch meiner Eltern gekommen.

kimi *(genau) wie*:

Sən lap mənim qardaşım kimisən.	Du bist genau wie mein Bruder.
Mən daş kimi yatdım.	Ich habe geschlafen wie ein Stein.
İllər yel kimi ötər.	Die Jahre vergehen wie der Wind.

qədər *so sehr wie, so viel wie, so lang wie*:

Qonşumuzun evi saray qədər böyükdür.	Das Haus unseres Nachbarn ist so groß wie ein Palast.

üçün *für, wegen*:

Oğlum üçün bir kitab aldım.	Ich habe ein Buch für meinen Sohn gekauft.

Während Substantive in ihrer Grundform bleiben, stehen

> die Personalpronomina **mən, sən, o, biz, siz**
> sowie die Demonstrativpronomina **bu** und **o**

vor **ilə, kimi, qədər** und **üçün**, nicht jedoch vor **inən**, im **Genitiv**. Ausgenommen bleiben **kim** *wer* und **nə** *was* sowie alle Formen, die das Pluralsuffix tragen:

Mənimlə (mənnən) gəlin!	Kommt mit mir!
Sənin üçün bir kitab aldım.	Ich habe ein Buch für dich gekauft.
Qardaşım lap mənim kimidir.	Mein Bruder ist genau wie ich.
Sizin qədər böyük deyiləm.	Ich bin nicht so groß wie ihr.

Kim ilə (kimnən) görüşəcəksiniz?	Mit wem werdet ihr euch treffen?
Nə ilə (nəynən) gəldiniz?	Womit seid ihr gekommen?

2. Postpositionen mit dem Genitiv

Als Entsprechung deutscher Präpositionen mit lokaler Bedeutung wie *vor, hinter, neben* etc. verwendet das Aserbaidschanische Substantive. Da sie mit einem vorausgehenden Substantiv eine Genitiv-Possessiv-Verbindung eingehen, können sie als Postpositionen mit dem Genitiv bezeichnet werden:

qabaq	Vorderseite; vor	ara	Zwischenraum; zwischen
ard	Rückseite; hinter	üst	Oberseite; oberhalb, auf
yan	Seite; neben, bei	alt	Unterseite; unter
qarşı	Gegenüber; gegenüber	iç	Inneres; innerhalb, in
orta	Mitte; inmitten	eşik	Äußeres; außerhalb

Həsən qabağımızda oturur.	Hasan sitzt vor uns.
Həsən evin qabağında oturur.	Hasan sitzt vor dem Haus.
Həsən evimizin qabağında oturur.	Hasan sitzt vor unserem Haus.
Həsən çamadanını evimizin qabağına qoydu.	Hasan hat seinen Koffer vor unser Haus gestellt.
Həsən evimizin qabağından keçdi.	Hasan ist vor unserem Haus vorbeigegangen.

Həsən aramızda oturur.	Hasan sitzt zwischen uns.
Həsən digər uşaqların arasında oturur.	Hasan ist zwischen den anderen Kindern.
Həsən evlərimizin arasından keçdi.	Hasan ist zwischen unseren Häusern hindurchgegangen.

Gehen zwei Substantive voraus, wird das sie verbindende *und* durch **ilə** ausgedrückt, und nur das zweite Substantiv erhält das Genitivsuffix:

Həsən evimiz ilə məktəbin arasından keçdi.	Hasan ist zwischen unserem Haus und der Schule hindurchgegangen.

3. Postpositionen mit dem Dativ

Folgende Postpositionen regieren den Dativ:

baxmayaraq *ungeachtet, trotz*:

| Narazılığıma baxmayaraq oğlumuz yenə də o adamla görüşmüşdür. | Ungeachtet meines Missfallens hat unser Sohn sich doch wieder mit jenem Menschen getroffen. |

doğru, tərəf, sarı *in Richtung, auf ... zu*:

| Uşaqlar mənə doğru/tərəf gəldilər. | Die Kinder sind auf mich zugekommen. |
| Bu yol vağzala sarı gedir. | Dieser Weg geht in Richtung Bahnhof. |

görə *hinsichtlich, gemäß, zufolge*:

| Mənə görə heç əziyyət çəkməyin! | Machen Sie sich meinetwegen keine Umstände! |
| Siz bütün dünyayı gəzmişsiniz, ona görə də çox şey bilirmişsiniz. | Sie haben die ganze Welt bereist, demnach wissen Sie sicher viel. |

qarşı *entgegen, gegen*:

| Sizdə baş ağrısına qarşı dərman varmı? | Gibt es bei Ihnen ein Medikament gegen Kopfschmerzen? |

qədər, kimi, -cən, -dək (räumlich und zeitlich) *bis*:

| Buradan Bakıya qədər neçə kilometrdir? | Wie viele Kilometer sind es von hier bis nach Baku? |
| İndiyəcən işlədik. | Wir haben bis jetzt gearbeitet. |

-dək fügt sich nicht in die Vokalharmonie ein:

| Mən sizi darvazayadək ötürüm. | Ich begleite euch bis zum Tor. |

4. Postpositionen mit dem Ablativ

Den Ablativ regieren folgende Postpositionen:

artıq *mehr (als), länger (als)*:

| Təəssüf ki, on gündən artıq qala bilmərik. | Leider können wir nicht länger als zehn Tage bleiben. |

başqa *ein anderer (als), abgesehen von, außer*:

| Həyətdə uşaqlardan başqa heç kim yox idi. | Außer den Kindern war niemand im Hof. |

bəri *seit*:

| Nə vaxtdan bəri Bakıdasınız? | Seit wann sind Sie in Baku? |
| Üç həftədən bəri. | Seit drei Wochen. |

dolayı *wegen, infolge*:

| Nazir xəstəliyindən dolayı çəkilibdir. | Der Minister ist wegen seiner Krankheit zurückgetreten. |

əvvəl, qabaq *vorher, davor, früher (als), vor*:

| Bayramdan əvvəl gələcəyik. | Wir werden vor dem Fest kommen. |

sonra *nachher, danach, später (als), nach*:

| Bayramdan sonra gedəcəyik. | Wir werden nach dem Fest gehen. |

Zeitangaben werden zwischen Bezugswort und **əvvəl** bzw. **sonra** gestellt:

| Bayramdan iki gün əvvəl gələcəyik. | Wir werden zwei Tage vor dem Fest kommen. |
| Bayramdan iki gün sonra gedəcəyik. | Wir werden zwei Tage nach dem Fest gehen. |

VII. Das Hilfsverb *sein* sowie **var** und **yox**

1. Das Präsens

Für die 1. und 2. Personen des Präsens des Hilfsverbs *sein* verwendet das Aserbaidschanische Suffixe, die aus nachgestellten Personalpronomina entstanden sind, sich nun in die Vokalharmonie einfügen und unbetont bleiben. Die zur Bezeichnung der 3. Person gelegentlich verwendete Endung **-dir** ist ursprünglich eine Form des Verbs **durmaq** *stehen*. Bei der Endung für die 3. Person Plural kann das Pluralsuffix entfallen, da das Subjekt des Satzes ohnehin meist am Satzanfang und im Plural steht:

Necəsən?	Wie geht es dir?
Sağ ol, yaxşıyam; sən necəsən?	Danke, gut; wie geht es dir?
Sağ ol, mən də yaxşıyam.	Danke, mir geht es auch gut.
Evdəsinizmi?	Seid ihr zu Hause?
Yox, biz evdə deyilik, şəhərdəyik.	Nein, wir sind nicht zu Hause, wir sind in der Stadt.

Prädikatsnomen	Negation	präsentische Personalendungen		Fragepartikel
müəllim	deyil	-(y)əm	ich bin	-mi
tələbə		-sən	du bist	
		-dir	er/sie ist	
		-(y)ik	wir sind	
		-siniz	ihr seid/Sie sind	
		-dirlər	sie sind	

müəlliməm	ich bin Lehrer
müəllimsən	du bist Lehrer
o müəllimdir	er ist Lehrer
müəllimik	wir sind Lehrer
müəllimsiniz	ihr seid/Sie sind Lehrer
onlar müəllimdir(lər)	sie sind Lehrer

tələbəyəm	ich bin Student
tələbəsən	du bist Student
o tələbədir	er ist Student
tələbəyik	wir sind Studenten
tələbəsiniz	ihr seid/Sie sind Student(en)
onlar tələbədir(lər)	sie sind Studenten

Die Verneinung erfolgt durch das selbständige Wort **deyil** *nicht*; die Endung **-dir** der 3. Person entfällt:

müəllim deyiləm	ich bin kein Lehrer
müəllim deyilsən	du bist kein Lehrer
o müəllim deyil	er ist kein Lehrer
müəllim deyilik	wir sind keine Lehrer
müəllim deyilsiniz	ihr seid/Sie sind keine Lehrer
onlar müəllim deyillər	sie sind keine Lehrer

müəllimsənmi?	bist du Lehrer?
o müəllimdirmi?	ist er Lehrer?
müəllimsinizmi?	seid ihr/sind Sie Lehrer?
onlar müəllimdir(lər)mi?	sind sie Lehrer?

müəllim deyilsənmi?	bist du nicht Lehrer?
o müəllim deyilmi?	ist er nicht Lehrer?
müəllim deyilsinizmi?	seid ihr/sind Sie nicht Lehrer?
onlar müəllim deyillərmi?	sind sie nicht Lehrer?

Das Präsens von **var** *vorhanden* und **yox** *nicht vorhanden* lautet:

Evdə çay var.	Zu Hause ist Tee vorhanden = zu Hause gibt es Tee.
Evdə çay yoxdur.	Zu Hause ist Tee nicht vorhanden = zu Hause gibt es keinen Tee.

2. Das Verb **olmaq**

Zwar besitzt das Aserbaidschanische ein Hilfsverb *sein* auf der Basis eines als defekt bezeichneten Verbstamms **i-**, doch tritt dieser Verbstamm nur in einigen wenigen eigenen Formen (**idi, imiş, isə, ikən**) auf. Für alle anderen Bildungen, seien es finite Verbformen, Verbalnomina oder Konverbien, verwendet es das Verb **olmaq**, das neben *werden, geschehen, sich ereignen, stattfinden* auch die Bedeutungen *sein, vorhanden sein, in Ordnung sein, möglich sein* und *gestattet sein* haben kann:

Sabah evdə olmayacağam.	Ich werde morgen nicht zu Hause sein.
Sağ olun!	Seien Sie gesund; danke!
Avqust ayı çox isti olar.	Der August ist gewöhnlich sehr heiß.
Soğan acı olsa da, süfrədə öz yeri var.	Wenn die Zwiebel auch scharf ist, so hat sie bei Tisch doch ihren Platz.

3. Das Präteritum

Zur Bildung des Präteritums werden die perfektischen Personalendungen (vgl. S. 51) direkt an den defekten Verbstamm **i-** angefügt:

| Dünən axşam evdə deyildinizmi? | Wart ihr gestern Abend nicht zu Hause? |
| Yox, biz sinamadaydıq. | Nein, wir waren im Kino. |

Prädikatsnomen	Negation			Fragepartikel
müəllim	deyil	idim	-(y)dim	-mi
tələbə		idin	-(y)din	
		idi	-(y)di	
		idik	-(y)dik	
		idiniz	-(y)diniz	
		idilər	-(y)dilər	

Alle Formen dieses Hilfsverbs waren zunächst selbständige Wörter. Sie sind im Laufe der Zeit zu Suffixen geworden; dabei ist beim Aufeinandertreffen von Vokalen das **i-** des Verbstamms zu **y** geworden. Bei Endung des vorangehenden Wortes auf Konsonant entfällt der Verbstamm **i-** meist:

müəllim idim	müəllim(i)dim	ich war Lehrer
müəllim idin	müəllim(i)din	du warst Lehrer
müəllim idi	müəllim(i)di	er war Lehrer
müəllim idik	müəllim(i)dik	wir waren Lehrer
müəllim idiniz	müəllim(i)diniz	ihr wart/Sie waren Lehrer
müəllim idilər	müəllim(i)dilər	sie waren Lehrer

tələbə idim	tələbəydim	ich war Student
tələbə idin	tələbəydin	du warst Student
tələbə idi	tələbəydi	er war Student
tələbə idik	tələbəydik	wir waren Student
tələbə idiniz	tələbəydiniz	ihr wart/Sie waren Student(en)
tələbə idilər	tələbəydilər	sie waren Student

müəllim deyildim	ich war kein Lehrer
müəllim deyildin	du warst kein Lehrer
müəllim deyildi	er war kein(e) Lehrer
müəllim deyildik	wir waren keine Lehrer
müəllim deyildiniz	ihr wart/Sie waren keine Lehrer
müəllim deyildilər	sie waren keine Lehrer

müəllim(i)dinmi?	warst du Lehrer?
müəllim(i)dimi?	war er Lehrer?
müəllim(i)dinizmi?	wart ihr/waren Sie Lehrer?
müəllim(i)dilərmi?	waren sie Lehrer?

müəllim deyildinmi?	warst du nicht Lehrer?
müəllim deyildimi?	war er nicht Lehrer?
müəllim deyildinizmi?	wart ihr/waren Sie nicht Lehrer?
müəllim deyildilərmi?	waren sie nicht Lehrer?

Das Perfekt bzw. Präteritum von **var** und **yox** lautet:

Evdə çay vardı.	Zu Hause gab es Tee.
Evdə çay yoxdu.	Zu Hause gab es keinen Tee.

4. Die Form **imiş**

Auch zur Wiedergabe der Form auf **-miş** tritt der Verbstamm **i-** auf. Anders als beim Vollverb (vgl. S. 53) ist **imiş** in seiner Bedeutung nicht auf das Perfekt beschränkt, sondern kann auch ein Präsens beinhalten. Durch seinen Gebrauch macht der Sprecher eine gewisse Unsicherheit in der Beurteilung des von ihm geschilderten Sachverhalts deutlich:

Bu kitab maraqlıymış.	Dieses Buch scheint interessant zu sein.
Siz Azəri deyilmişsiniz.	Sie sind wohl kein Aserbaidschaner.
Siz dünən evdə deyilmişsiniz.	Ihr wart wohl gestern nicht zu Hause.
Bir var imiş, bir yox imiş, qədim zamanlarda bir padişah var imiş.	Es gab einmal, es gab einmal nicht in alten Zeiten einen Padischah.

Prädikatsnomen	Negation			Fragepartikel
müəllim	deyil	imişəm	-(y)mişəm	-mi
tələbə		imişsən	-(y)mişsən	
		imiş	-(y)miş	
		imişik	-(y)mişik	
		imişsiniz	-(y)mişsiniz	
		imişlər	-(y)mişlər	

müəllim imişəm	müəllim(i)mişəm	ich bin/war wohl Lehrer
müəllim imişsən	müəllim(i)mişsən	du bist/warst wohl Lehrer
müəllim imiş	müəllim(i)miş	er ist/war wohl Lehrer
müəllim imişik	müəllim(i)mişik	wir sind/waren wohl Lehrer
müəllim imişsiniz	müəllim(i)mişsiniz	ihr seid/wart wohl Lehrer
müəllim imişlər	müəllim(i)mişlər	sie sind/waren wohl Lehrer

tələbə imişəm	tələbəymişəm	ich bin/war wohl Student
tələbə imişsən	tələbəymişsən	du bist/warst wohl Student
tələbə imiş	tələbəymiş	er ist/war wohl Student
tələbə imişik	tələbəymişik	wir sind/waren wohl Studenten
tələbə imişsiniz	tələbəymişsiniz	ihr seid/wart wohl Studenten
tələbə imişlər	tələbəymişlər	sie sind/waren wohl Studenten

müəllim deyilmişəm	ich bin/war wohl kein Lehrer
müəllim deyilmişsən	du bist/warst wohl kein Lehrer
müəllim deyilmiş	er ist/war wohl kein Lehrer
müəllim deyilmişik	wir sind/waren wohl keine Lehrer
müəllim deyilmişsiniz	ihr seid/wart wohl keine Lehrer
müəllim deyilmişlər	sie sind/waren wohl keine Lehrer

Das unbestimmte Präsens/Perfekt von **var** und **yox** lautet:

Evdə çay varmış.	Zu Hause gibt/gab es wohl Tee.
Evdə çay yoxmuş.	Zu Hause gibt/gab es wohl keinen Tee.

5. Der reale Konditional

Der reale Konditional des Hilfsverbs *sein* wird gebildet, indem man die konditionalen Personalendungen (vgl. S. 65) an den Verbstamm **i-** anfügt:

Şagirdlər çalışqandırsa, müəllim onları öyər.	Wenn die Schüler fleißig sind, lobt sie der Lehrer.
Mümkün(dür)sə pəncərəni açaq.	Wenn möglich, lasst uns das Fenster öffnen.

Prädikatsnomen	Negation		
müəllim	deyil	isəm	-(y)səm
tələbə		isən	-(y)sən
		isə	-(y)sə
		isək	-(y)sək
		isəniz	-(y)səniz
		isələr	-(y)sələr

müəllim isəm	müəllim(i)səm	wenn ich Lehrer bin
müəllim isən	müəllim(i)sən	wenn du Lehrer bist
müəllim isə	müəllim(i)sə	wenn er Lehrer ist
müəllim isək	müəllim(i)sək	wenn wir Lehrer sind
müəllim isəniz	müəllim(i)səniz	wenn ihr Lehrer seid
müəllim isələr	müəllim(i)sələr	wenn sie Lehrer sind

tələbə isəm	tələbəysəm	wenn ich Student bin
tələbə isən	tələbəysən	wenn du Student bist
tələbə isə	tələbəysə	wenn er Student ist
tələbə isək	tələbəysək	wenn wir Student sind
tələbə isəniz	tələbəysəniz	wenn ihr Student seid
tələbə isələr	tələbəysələr	wenn sie Student sind

müəllim deyilsəm	wenn ich nicht Lehrer bin
müəllim deyilsən	wenn du nicht Lehrer bist
müəllim deyilsə	wenn er nicht Lehrer ist
müəllim deyilsək	wenn wir nicht Lehrer sind
müəllim deyilsəniz	wenn ihr nicht Lehrer seid
müəllim deyilsələr	wenn sie nicht Lehrer sind

Der reale Konditional von **var** und **yox** lautet:

Evdə çay varsa gedək bir çay içək.	Wenn es zu Hause Tee gibt, lasst uns gehen und einen Tee trinken.
Evdə çay yoxdursa çayxanaya gedib orada bir çay içək.	Wenn es zu Hause keinen Tee gibt, lasst uns ins Teehaus gehen und dort einen Tee trinken.

Losgelöst von ihrer ursprünglichen konditionalen Bedeutung dient die Form **isə** auch als adversative Satzverbindung im Sinne von *was ... betrifft, hingegen*:

Oğlum mühəndis, qızım həkimdir.	Mein Sohn ist Ingenieur, meine Tochter ist Ärztin.
Oğlum mühəndis, qızım **isə** həkimdir.	Mein Sohn ist Ingenieur, meine Tochter **hingegen** ist Ärztin.

Die Formen des potentialen sowie des irrealen Konditionals des Hilfsverbs *sein* sowie von **var** und **yox** werden durch das Vollverb **olmaq** wiedergegeben (vgl. S. 65 f.).

VIII. Zeiten und Modi des Vollverbs

1. Allgemeines

Der Infinitiv des aserbaidschanischen Vollverbs setzt sich zusammen aus dem Verbstamm und einer nomenbildenden Endung **-mək** (vgl. S. 70):

Verbstamm	e, ə, i	ö, ü	a, ı	o, u
auf Konsonant	vermək *geben*	görmək *sehen*	yazmaq *schreiben*	olmaq *werden, sein*
auf Vokal	işləmək *arbeiten*	üşümək *frieren*	başlamaq *beginnen*	oxumaq *lesen*

Die Verneinung im Zusammenhang mit dem Vollverb wird durch ein Suffix **-mə** gebildet, das sich direkt an den Verbstamm anschließt und die Betonung auf die unmittelbar vor ihr liegende Silbe zieht:

Verbstamm	e, ə, i	ö, ü	a, ı	o, u
auf Konsonant	verməmək	görməmək	yazmamaq	olmamaq
auf Vokal	işləməmək	üşüməmək	başlamamaq	oxumamaq

Zur Bildung der einzelnen finiten Formen schließt derjenige Bestandteil an, der einen bestimmten zeitlichen oder modalen Aspekt beinhaltet; er wird im Folgenden als Themasuffix bezeichnet. Ein Großteil der auf diese Art entstandenen Formen sind Partizipien (vgl. Kap. IX), die an dieser Stelle als Prädikatsnomina dienen und zur Bezeichnung der einzelnen Personen die präsentischen Personalendungen erhalten:

	er ist einer, der ...	
verir	... gibt	= er gibt
verməkdədir	... am Geben ist	= er gibt gerade
verər	... gewöhnlich gibt	= er gib gewöhnlich
verəcək	... geben wird	= er wird geben
verməlidir	... geben muss	= er muss geben
vermiş	... gegeben hat	= er hat gegeben
verə	... geben möge	= er möge geben

2. Präsens- und Futurformen

a) Das Präsens auf **-(y)ir**

Dieses Präsens drückt die augenblickliche Handlung bzw. die gegenwärtige Situation aus. Sein Themasuffix lautet **-(y)ir**:

Siz harada yaşayırsınız?	Wo wohnt/lebt ihr?
Biz Astarada yaşayırıq.	Wir wohnen/leben in Astara.

Sən nə edirsən?	Was machst du?
Mən qəzet oxuyuram.	Ich lese Zeitung.

Siz Azəricə başa düşürsünüzmü?	Verstehen Sie Aserbaidschanisch?
Bəli, mən sizi yaxşı başa düşürəm.	Ja, ich verstehe Sie gut.

Verbstamm	Negation	Themasuffix	Präsentische Personalendungen	Fragepartikel
ver-	-m	-(y)ir	-əm	-mi
işlə-			-sən	

			-ik	
			-siniz	
			-lər	

Bei mehrsilbigen Verbstämmen, die auf den Vokal des Themasuffixes enden, kann es zu Verschleifungen kommen:

e, ə, i	ö, ü	a, ı	o, u
verir	görür	yazır	olur
vermir	görmür	yazmır	olmur
işləyir	üşüyür/üşür	başlayır	oxuyur/oxur
işləmir	üşümür	başlamır	oxumur

verirəm	ich gebe
verirsən	du gibst
verir	er gibt
veririk	wir geben
verirsiniz	ihr gebt/Sie geben
verirlər	sie geben

Die Verneinungssilbe **-mə** ist im Präsens auf **-m** reduziert:

vermirəm	ich gebe nicht
vermirsən	du gibst nicht
vermir	er gibt nicht
vermirik	wir geben nicht
vermirsiniz	ihr gebt/Sie geben nicht
vermirlər	sie geben nicht

verirsənmi?	gibst du?
verirmi?	gibt er/sie?
verirsinizmi?	gebt ihr/geben Sie?
verirlərmi?	geben sie?

vermirsənmi?	gibst du nicht?
vermirmi?	gibt er nicht?
vermirsinizmi?	gebt ihr/geben Sie nicht?
vermirlərmi?	geben sie nicht?

b) Das Verlaufspräsens auf -məkdə

Der Lokativ des Infinitivs auf **-mək** (vgl. S. 43, 70) drückt eine Handlung aus, die sich gerade im Augenblick oder mit zeitlichen Unterbrechungen in der Gegenwart vollzieht. Diese Form findet vor allem in amtlichen Bekanntmachungen sowie in der Nachrichten- und Zeitungssprache Verwendung:

| Hökumət təzə məktəblər açmaqdadır. | Die Regierung ist dabei, neue Schulen zu eröffnen. |

Verbstamm	Themasuffix	Negation	Präsentische Personalendungen	Fragepartikel
ver-	-məkdə	deyil	-(y)əm	-mi
işlə-			-sən	
			-dir	
			-(y)ik	
			-siniz	
			-dirlər	

e, ə, i	ö, ü	a, ı	o, u
verməkdə	görməkdə	yazmaqda	olmaqda
verməkdə deyil	görməkdə deyil	yazmaqda deyil	olmaqda deyil
işləməkdə	üşüməkdə	başlamaqda	oxumaqda
işləməkdə deyil	üşüməkdə deyil	başlamaqda deyil	oxumaqda deyil

verməkdəyəm	ich bin dabei, zu geben
verməkdəsən	du bist dabei, zu geben
verməkdədir	er ist dabei, zu geben
verməkdəyik	wir sind dabei, zu geben
verməkdəsiniz	ihr seid/Sie sind dabei, zu geben
verməkdədirlər	sie sind dabei, zu geben

verməkdə deyiləm	ich bin nicht dabei, zu geben
verməkdə deyilsən	du bist nicht dabei, zu geben
verməkdə deyildir	er ist nicht dabei, zu geben
verməkdə deyilik	wir sind nicht dabei, zu geben
verməkdə deyilsiniz	ihr seid/Sie sind nicht dabei, zu geben
verməkdə deyildirlər	sie sind nicht dabei, zu geben

c) Das Präsens-Futur auf -(y)ər/-məz

Durch diese Form wird eine Tätigkeit ausgedrückt, die man gewohnheitsmäßig ausübt, grundsätzlich auszuüben bereit ist oder in der Zukunft möglicherweise ausüben wird. Durch die Frageform kann darüberhinaus eine Bitte zum Ausdruck gebracht werden:

Qışda burada çoxlu qar yağar.	Im Winter schneit es hier meistens.
Biz hər gün bazara gedərik.	Wir gehen jeden Tag auf den Markt.
Sabah bazara gedərik.	Morgen gehen wir auf den Markt
Pəncərəni açarsanmı?	Würdest du das Fenster öffnen?

Verbstamm	Themasuffix	Präsentische Personalendungen	Fragepartikel
ver-	bejaht -(y)ər	-əm	-mi
işlə-	negiert -məz	-sən	

		-ik	
		-siniz	
		-lər	

Auch hier kann es bei mehrsilbigen Verbstämmen, die auf den Vokal des Themasuffixes enden, zu Verschleifungen kommen:

e, ə, i	ö, ü	a, ı	o, u
verər	görər	yazar	olar
vermək	görməz	yazmaz	olmaz
işləyər/işlər	üşüyər	başlayar/başlar	oxuyar
işləməz	üşüməz	başlamaz	oxumaz

verərəm	ich gebe
verərsən	du gibst
verər	er gibt
verərik	wir geben
verərsiniz	ihr gebt/Sie geben
verərlər	sie geben

Das negierte Themasuffix lautet **-məz**, doch wird bei den 1. Personen Singular und Plural das **-z** meist durch **-r** ersetzt:

verməzəm > vermərəm	ich gebe nicht
verməzsən	du gibst nicht
verməz	er gibt nicht
verməzik > vermərik	wir geben nicht
verməzsiniz	ihr gebt/Sie geben nicht
verməzlər	sie geben nicht

verərsənmi?	gibst du?
verərmi?	gibt er/sie?
verərsinizmi?	gebt ihr/geben Sie?
verərlərmi?	geben sie?

verməzsənmi?	gibst du nicht?
verməzmi?	gibt er nicht?
verməzsinizmi?	gebt ihr/geben Sie nicht?
verməzlərmi?	geben sie nicht?

Stellt man jeweils die bejahte und verneinte Grundform des Präsens-Futur hintereinander, entsteht ein Temporalsatz, der im Deutschen mit *kaum dass, sowie, sobald* beginnt:

Evə gələr gəlməz nahar yeməyini yeyərik.	Sowie wir nach Hause kommen, essen wir zu Mittag.

Ist das Subjekt der Nebenhandlung ein anderes als das der Haupthandlung, wird es zusätzlich an den Satzanfang gestellt:

Uşaqlar evə gələr gəlməz nahar yeməyini yeyərik.	Sowie die Kinder nach Hause kommen, essen wir zu Mittag.

d) Das Futur auf -(y)əcək

Das Partizip Futur (vgl. S. 81) drückt eine Handlung aus, die infolge einer festen Absicht oder Zwangslage in der Zukunft eintreten wird. Je nach Situation kann es daher auch mit *wollen* oder *müssen* übersetzt werden:

Bakıda neçə gün qalacaqsınız?	Wie viele Tage werden/wollen Sie in Baku bleiben?
Daha bir həftə qalacağam.	Ich werde/will noch eine Woche bleiben.

Kimə zəng edəcəksən?	Wen wirst/willst du anrufen?
Atama zəng edəcəyəm.	Ich werde/will/muss meinen Vater anrufen.

Bugün işə getməyəcəksinizmi?	Werdet/wollt/müsst ihr heute nicht zur Arbeit gehen?
Gedəcəyik.	Wir werden/müssen gehen.

Verbstamm	Negation	Themasuffix	Präsentische Personalendungen	Fragepartikel
ver-	-mə	-(y)əcək	-əm	-mi
işlə-			-sən	

			-ik	
			-siniz	
			-lər	

e, ə, i	ö, ü	a, ı	o, u
verəcək	görəcək	yazacaq	olacaq
verməyəcək	görməyəcək	yazmayacaq	olmayacaq
işləyəcək	üşüyəcək	başlayacaq	oxuyacaq
işləməyəcək	üşüməyəcək	başlamayacaq	oxumayacaq

verəcəyəm	ich werde geben
verəcəksən	du wirst geben
verəcək	er wird geben
verəcəyik	wir werden geben
verəcəksiniz	ihr werdet/Sie werden geben
verəcəklər	sie werden geben

verməyəcəyəm	ich werde nicht geben
verməyəcəksən	du wirst nicht geben
verməyəcək	er wird nicht geben
verməyəcəyik	wir werden nicht geben
verməyəcəksiniz	ihr werdet/Sie werden nicht geben
verməyəcəklər	sie werden nicht geben

verəcəksənmi?	wirst du geben?
verəcəkmi?	wird er geben?
verəcəksinizmi?	werdet ihr/werden Sie geben?
verəcəklərmi?	werden sie geben?

verməyəcəksənmi?	wirst du nicht geben?
verməyəcəkmi?	wird er nicht geben?
verməyəcəksinizmi?	werdet ihr/werden Sie nicht geben?
verməyəcəklərmi?	werden sie nicht geben?

3. Perfektformen

a) Das Perfekt auf **-di**

Bei dieser Perfektform wurde die beschriebene Handlung in jüngster Vergangenheit durchgeführt und zu einem Abschluss gebracht. Das Themasuffix lautet **-d**; die Personen werden mit einer einzigen Abweichung durch Possessivsuffixe ausgedrückt, die mit dem Themasuffix eine Einheit bilden – sie werden im Folgenden als perfektische Personalendungen bezeichnet:

Bugün nə etdiniz?	Was habt ihr heute gemacht?
Əvvəl səhər yeməyini yedik, sonra şəhərə getdik.	Erst haben wir gefrühstückt, danach sind wir in die Stadt gefahren.

Sənə verdiyim kitabı oxudunmu?	Hast du das Buch gelesen, das ich dir gegeben habe?
Bəli, onu dünən axşam oxudum.	Ja, ich habe es gestern Abend gelesen (ich kann es dir jetzt zurückgeben).

Verbstamm	Negation	Perfektische Personalendungen	Fragepartikel
ver-	-mə	-dim	-mi
işlə-		-din	
		-di	
		-dik	
		-diniz	
		-dilər	

e, ə, i	ö, ü	a, ı	o, u
verdi	gördü	yazdı	oldu
vermədi	görmədi	yazmadı	olmadı
işlədi	üşüdü	başladı	oxudu
işləmədi	üşümədi	başlamadı	oxumadı

verdim	ich habe gegeben
verdin	du hast gegeben
verdi	er hat gegeben
verdik	wir haben gegeben
verdiniz	ihr habt/Sie haben gegeben
verdilər	sie haben gegeben

vermədim	ich habe nicht gegeben
vermədin	du hast nicht gegeben
vermədi	er hat nicht gegeben
vermədik	wir haben nicht gegeben
vermədiniz	ihr habt/Sie haben nicht gegeben
vermədilər	sie haben nicht gegeben

verdinmi?	hast du gegeben?
verdimi?	hat er gegeben?
verdinizmi?	habt ihr/haben Sie gegeben?
verdilərmi?	haben sie gegeben?

vermədinmi?	hast du nicht gegeben?
vermədimi?	hat er nicht gegeben?
vermədinizmi?	habt ihr/haben Sie nicht gegeben?
vermədilərmi?	haben sie nicht gegeben?

b) Das Perfekt auf -miş

Das Partizip Perfekt auf **-miş** (vgl. S. 79) des Vollverbs kann zweierlei beinhalten: zum Einen gibt eine Tätigkeit wieder, die in der Vergangenheit stattgefunden hat und noch bis in die Gegenwart nachwirkt; zum anderen kann es bedeuten, dass der Sprecher den Vorgang nicht selbst beobachtet bzw. bewusst miterlebt hat. Dennoch gilt ihr Wahrheitsgehalt als unbestritten:

Mən yanvar ayında son imtahanlarımı vermişəm.	Ich habe im Januar meine letzten Prüfungen abgelegt.
Mən bu kitabı oxumuşam.	Ich habe dieses Buch gelesen (ich weiß jetzt, was darin steht).

Anamız süfrəni hazırlamışdır.	Unsere Mutter hat den Tisch gerichtet.
Siz nömrədə səhv etmişsiniz.	Sie haben sich wohl in der Nummer geirrt.
Sən dediklərimi başa düşməmişsən.	Du scheinst nicht verstanden zu haben, was ich gesagt habe.
Mən saatımı itirmişəm.	Ich habe wohl meine Uhr verloren.

Verbstamm	Negation	Themasuffix	Präsentische Personalendungen	Fragepartikel
ver-	-mə	-miş	-əm	-mi
işlə-			-sən	
			(-dir)	
			-ik	
			-siniz	
			-lər	

e, ə, i	ö, ü	a, ı	o, u
vermiş	görmüş	yazmış	olmuş
verməmiş	görməmiş	yazmamış	olmamış
işləmiş	üşümüş	başlamış	oxumuş
işləməmiş	üşüməmiş	başlamamış	oxumamış

In der gesprochenen wie auch in der Schriftsprache kommt es häufig vor, dass das ş des Themasuffixes bei den 2. Personen nicht ausgesprochen bzw. geschrieben wird:

vermişəm	ich habe gegeben
vermi(ş)sən	du hast gegeben
vermişdir	er hat gegeben
vermişik	wir haben gegeben
vermi(ş)siniz	ihr habt/Sie haben gegeben
vermişlər	sie haben gegeben

verməmişəm	ich habe nicht gegeben
verməmi(ş)sən	du hast nicht gegeben
verməmişdir	er hat nicht gegeben
verməmişik	wir haben nicht gegeben
verməmi(ş)siniz	ihr habt/Sie haben nicht gegeben
verməmişlər	sie haben nicht gegeben

vermi(ş)sənmi?	hast du gegeben?
vermişdirmi?	hat er gegeben?
vermi(ş)sinizmi?	habt ihr/haben Sie gegeben?
vermişlərmi?	haben sie gegeben?

verməmi(ş)sənmi?	hast du nicht gegeben?
verməmişdirmi?	hat er nicht gegeben?
verməmi(ş)sinizmi?	habt ihr/haben Sie nicht gegeben?
verməmişlərmi?	haben sie nicht gegeben?

c) Das Perfekt auf -(y)ib

Auch das Themasuffix **-(y)ib** tritt zur Bildung eines Perfekt auf. Im Unterschied zum Perfekt auf **-miş** sieht sich der Sprecher hier vor eine vollendete Tatsache gestellt. Daher ist diese Form in ihrem Gebrauch auf die 2. und 3. Personen beschränkt:

Mənim saatım dayanıb.	Meine Uhr ist stehen geblieben.
Sənə nə olub?	Was ist denn mit dir passiert?
Sən buraya nəyə gəlibsən?	Weshalb bist du hierher gekommen?
Mənim şeylərimi haraya aparıbsınız?	Wohin haben Sie meine Sachen gebracht?

Verbstamm	Negation	Themasuffix	Präsentische Personalendungen	Fragepartikel
ver-	-mə	-(y)ib	---	-mi
işlə-			-sən	
			(-dir)	

			-siniz	
			-lər	

e, ə, i	ö, ü	a, ı	o, u
verib	görüb	yazıb	olub
verməyib	görməyib	yazmayıb	olmayıb
işləyib	üşüyüb	başlayıb	oxuyub
işləməyib	üşüməyib	başlamayıb	oxumayıb

veribsən	du hast wohl gegeben
o verib	er hat wohl gegeben
veribsiniz	ihr habt/Sie haben wohl gegeben
onlar veriblər	sie haben wohl gegeben

verməyibsən	du hast wohl nicht gegeben
o verməyib	er hat wohl nicht gegeben
verməyibsiniz	ihr habt/Sie haben wohl nicht gegeben
onlar verməyiblər	sie haben wohl nicht gegeben

4. Aufforderungsformen

a) Der Nezessitativ auf **-məli**

Das deutsche Modalverb *müssen* sowie in seiner verneinten Form *nicht dürfen* hat seine aserbaidschanische Entsprechung in einem eigenen Themasuffix **-məli**. Durch diese Form wird weniger eine individuelle Notwendigkeit als vielmehr eine allgemeine Verhaltensanweisung oder Empfehlung zum Ausdruck gebracht:

Şəhər mərkəzinə çatmaq üçün hansı yol ilə getməliyəm?	Welchen Weg muss ich gehen, um ins Stadtzentrum zu gelangen?
Qışda soyuqlamamaq üçün qalın geyinməliyik.	Wir müssen uns im Winter dick anziehen, um uns nicht zu erkälten.
Burada siqaret çəkməməlisən.	Du darfst hier nicht rauchen.

Fehlen Subjekt wie auch Personalendung, wird ein allgemeines Müssen zum Ausdruck gebracht:

Garsona nə qədər baxşiş verməli?	Wieviel Trinkgeld muss man dem Kellner geben?

Verbstamm	Negation	Themasuffix	Präsentische Personalendungen	Fragepartikel
ver-	-mə	-məli	-yəm	-mi
işlə-			-sən	
			-dir	
			-yik	
			-siniz	
			-dirlər	

e, ə, i	ö, ü	a, ı	o, u
verməli	görməli	yazmalı	olmalı
verməməli	görməməli	yazmamalı	olmamalı
işləməli	üşüməli	başlamalı	oxumalı
işləməməli	üşüməməli	başlamamalı	oxumamalı

verməliyəm	ich muss geben
verməlisən	du musst geben
verməlidir	er muss geben
verməliyik	wir müssen geben
verməlisiniz	ihr müsst/Sie müssen geben
verməlidirlər	sie müssen geben

verməməliyəm	ich darf nicht geben
verməməlisən	du darfst nicht geben
verməməlidir	er darf nicht geben
verməməliyik	wir dürfen nicht geben
verməməlisiniz	ihr dürft/Sie dürfen nicht geben
verməməlidirlər	sie dürfen nicht geben

verməliyəmmi?	muss ich geben?
verməlisənmi?	musst du geben?
verməlidirmi?	muss er geben?
verməliyikmi?	müssen wir geben?
verməlisinizmi?	müsst ihr/müssen Sie geben?
verməlidirlərmi?	müssen sie geben?

verməməliyəmmi?	darf ich nicht geben?
verməməlisənmi?	darfst du nicht geben?
verməməlidirmi?	darf er nicht geben?
verməməliyikmi?	dürfen wir nicht geben?
verməməlisinizmi?	dürft ihr/dürfen Sie nicht geben?
verməməlidirlərmi?	dürfen sie nicht geben?

Alternativ zu **-mə** kann die Verneinung auch durch **deyil** erfolgen. In diesem Fall entsteht die Bedeutung *nicht brauchen*:

Bugün məktəbə getməli deyilsən.	Du bist keiner, der heute zur Schule gehen muss = du brauchst heute nicht zur Schule zu gehen.

b) Der Nezessitativ auf -(y)əsi

Diese Verbform beinhaltet eine Aufforderung in einer konkreten und einmaligen Situation. Die deutsche Wiedergabe erfolgt durch ein konjunktivisches *sollen*; die Verneinung wird mittels **deyil** gebildet:

Məni bağışlayın, indi gedəsiyəm.	Verzeihen Sie mir, ich sollte jetzt (wirklich) gehen.
Nədən bir maşın alasıyam?	Weshalb sollte ich ein Auto kaufen?

Verbstamm	Themasuffix	Negation	Präsentische Personalendungen	Fragepartikel
ver-	-əsi	deyil	-(y)əm	-mi
işlə-			-sən	
			-dir	
			-(y)ik	
			-siniz	
			-dirlər	

e, ə, i	ö, ü	a, ı	o, u
verəsi	görəsi	yazası	olası
verəsi deyil	görəsi deyil	yazası deyil	olası deyil
işləyəsi	üşüyəsi	başlayası	oxuyası
işləyəsi deyil	üşüyəsi deyil	başlayası deyil	oxuyası deyil

verəsiyəm	ich sollte geben
verəsisən	du solltest geben
verəsidir	er sollte geben
verəsiyik	wir sollten geben
verəsisiniz	ihr solltet/Sie sollten geben
verəsidirlər	sie sollten geben

verəsi deyiləm	ich sollte nicht geben
verəsi deyilsən	du solltest nicht geben
verəsi deyil	er sollte nicht geben
verəsi deyilik	wir sollten nicht geben
verəsi deyilsiniz	ihr solltet/Sie sollten nicht geben
verəsi deyillər	sie sollten nicht geben

c) Der Imperativ

Das Aserbaidschanische kennt Imperative für alle Personen. Die Wiedergabe des Imperativs der 3. Personen erfolgt im Deutschen durch *sollen*:

Yeni iliniz mübarək olsun!	Ihr neues Jahr soll gesegnet sein; alles Gute zum neuen Jahr!
Əhməd çörək almağa getsin.	Ahmet soll Brot holen gehen.
Müsafirlər avtobusa minsinlər.	Die Reisenden sollen in den Bus steigen.

Verbstamm	Negation	Imperativendungen	Fragepartikel
ver-	-mə	-sin 3. P. Sg.	-mi
işlə-		-sinlər 3. P. Pl.	

e, ə, i	ö, ü	a, ı	o, u
versin	görsün	yazsın	olsun
verməsin	görməsin	yazmasın	olmasın
işləsin	üşüsün	başlasın	oxusun
işləməsin	üşüməsin	başlamasın	oxumasın

Der Imperativ der 2. Personen entspricht dem deutschen Imperativ. Die Form der 2. Person Singular ist mit dem Verbstamm identisch:

Sağlıqla qal; salamat qal!	Bleib gesund; gehab dich wohl!
Buyurun, içəri geçin!	Bitte sehr, treten Sie ein!
Bağışlayın, poçt haradadır?	Verzeihen Sie, wo ist die Post?
Xahiş edirəm, mənə kömək edin!	Bitte helfen Sie mir!

Verbstamm	Negation	Imperativendungen	
ver-	-mə	---	2. P. Sg.
işlə-		-(y)in	2. P. Pl.

e, ə, i	ö, ü	a, ı	o, u
verin	görün	yazın	olun
verməyin	görməyin	yazmayın	olmayın
işləyin	üşüyün	başlayın	oxuyun
işləməyin	üşüməyin	başlamayın	oxumayın

Durch den Imperativ der 1. Personen gibt der Sprecher seinen Entschluss bekannt. Oftmals enthält der Satz mehrere Imperativformen, mit deren Hilfe er die angesprochenen Personen quasi um ihre Zustimmung ersucht:

Qoy mən gedim bacımı çağırım.	Gestatte, ich gehe einmal und rufe meine Schwester.
Gəlin mən sizi tanış edim.	Kommen Sie, ich mache Sie bekannt.
Gəlin birlikdə gedək bir çay içək.	Kommt, lasst uns zusammen gehen und einen Tee trinken.
İçmək üçün nə gətirim?	Was soll ich zu trinken bringen?

Verbstamm	Negation	Imperativendungen	Fragepartikel
ver-	-mə	-(y)im 1. P. Sg.	-mi
işlə-		-(y)ək 1. P. Pl.	

e, ə, i	ö, ü	a, ı	o, u
verim	görüm	yazım	olum
verməyim	görməyim	yazmayım	olmayım
işləyim	üşüyüm	başlayım	oxuyum
işləməyim	üşüməyim	başlamayım	oxumayım

| verim | ich gebe einmal, lass mich geben |
| verək | lasst uns geben |

| verməyim | ich will lieber nicht geben |
| verməyək | lasst uns nicht geben |

| verimmi? | soll ich geben? |
| verəkmi? | sollen wir geben? |

| verməyimmi? | soll ich nicht geben? |
| verməyəkmi? | sollen wir nicht geben? |

d) Der Optativ

Das Aserbaidschanische besitzt ein eigenes Themasuffix **-(y)ə** zur Bildung einer Wunschform, die in etwa dem deutschen Modalverb *mögen* entspricht. Durch den Optativ bringt der Sprecher seinen Wunsch oder seine Erwartung erheblich zurückhaltender zum Ausdruck als durch den Imperativ.

Vorzugsweise tritt der Optativ im Zusammenhang mit folgenden Verben auf: **arzu etmək** *wünschen*, **bilmək** *wissen*, **gərək olmaq** *notwendig sein*, **gözləmək** *erwarten*, **inanmaq** *daran glauben*, **istəmək** *wollen, wünschen*, **qorxmaq** *befürchten*, **ümidi olmaq** *die Hoffnung haben, hoffen*, **xahiş etmək** *darum bitten*, **xiyalı olmaq** *davon träumen*, **yaxşısı olmaq** *das Beste sein*, wobei in den 3. Personen auch der Imperativ an die Stelle des Optativs treten kann:

Mən heç bilmirdim ki, hava belə isti ola.	Ich wusste gar nicht, dass das Wetter so heiß sein könnte.
Kaş qızım sağ-salamat qayıda.	Wenn meine Tochter nur gesund und munter zurückkehren möge.
Xahiş edirəm, mənə kömək edəsiniz.	Ich würde Sie bitten, mir zu helfen.
Mən istəyirəm sən bugün bizə gələsən.	Ich wünsche mir, dass du heute zu uns kommst.
Mən qorxuram qatara çatmayam.	Ich befürchte, dass ich den Zug nicht erreiche.
Mən gərək saat onda evdə olam.	Ich sollte um zehn Uhr zu Hause sein.

Verbstamm	Negation	Themasuffix	Präsentische Personalendungen
ver-	-mə	-(y)ə	-yəm > -m
işlə-			-sən

			-yik > -k
			-siniz
			-lər

e, ə, i	ö, ü	a, ı	o, u
verə	görə	yaza	ola
verməyə	görməyə	yazmaya	olmaya
işləyə	üşüyə	başlaya	oxuya
işləməyə	üşüməyə	başlamaya	oxumaya

Bei den 1. Personen Singular und Plural ist es zu Verschleifungen gekommen, so dass sich die Form der 1. Plural nicht von derjenigen des Imperativs unterscheidet:

verəyəm > verəm	ich mag/möge/möchte geben
verəsən	du mögest geben
verə	er möge geben
verəyik > verək	wir möchten geben
verəsiniz	ihr mögt geben
verələr	sie mögen geben

verməyəyəm > verməyəm	ich mag/möchte nicht geben
verməyəsən	du mögest nicht geben
verməyə	er möge nicht geben
verməyəyik > verməyək	wir möchten nicht geben
verməyəsiniz	ihr mögt nicht geben
verməyələr	sie mögen nicht geben

Die Form **deyəsən** *du magst sagen* taucht häufig in Redewendungen auf und bedeutet so viel wie *man könnte meinen, jetzt sag nur*:

Deyəsən, siz daha səhər yeməyini yeməmişsiniz.	Man könnte meinen, ihr habt noch nicht gefrühstückt.
Deyəsən, sən qardaşımı tanımırsan.	Jetzt sag nur, du kennst meinen Bruder nicht?

5. Mit **idi** und **imiş** zusammengesetzte Verbformen

Es ist möglich, an die auf S. 43 aufgeführten Partizipien des Vollverbs anstelle der präsentischen Personalendungen die Formen **idi** und **imiş** anzufügen, doch gehen in der Praxis nicht alle diese Verbindung ein. Während durch Anfügung von **idi** eine zeitliche Verlagerung der Handlung in die Vergangenheit erfolgt – auf diese Art werden unter anderem sowohl das Präteritum wie auch das Plusquamperfekt gebildet –, erhalten die Formen durch Anfügung von **imiş** die in Kap. VII beschriebenen Nuancen der Vermutung bzw. der Unbestimmtheit.

a) Mit **idi** zusammengesetzte Verbformen

	er war einer, der ...	
verir**di**	... gibt	= er gab
vermәkdәy**di**	... am Geben ist	= er war dabei, zu geben
verәr**di**	... gewöhnlich gibt	= er pflegte zu geben
verәcәk**di**	... geben wird	= er hatte vor, zu geben
vermәliy**di**	... geben muss	= er musste geben
vermiş**di**	... gegeben hat	= er hatte gegeben
verәy**di**	... geben möge	= er hätte geben sollen

Bakının havası yayda belә isti olmasını bilmirdim.	Ich wusste nicht, dass das Wetter von Baku im Sommer so heiß ist.
Hökumәt tәzә mәktәblәr açmaqdaydı.	Die Regierung war dabei, neue Schulen zu eröffnen.
Sәn bugün bizә gәlәcәkdin.	Du hattest (doch) vor, heute zu uns zu kommen.
Bilet üçün on manat vermәliydik.	Wir mussten für die Karte zehn Manat bezahlen.
Siz bizә gәlmәyinizi söz vermişdiniz.	Ihr hattet versprochen, zu uns zu kommen.
Mәn gәrәk kameramı gәtirәydim.	Ich hätte meine Kamera mitbringen sollen.

b) Mit **imiş** zusammengesetzte Verbformen:

Atan zəng edirmiş.	Mein Vater telefoniert wohl gerade.
Hökumət təzə məktəblər açmaqdaymış.	Die Regierung ist/war wohl gerade dabei, neue Schulen zu eröffnen.
Uşaqlığımda çox gülərmişəm.	Ich soll in meiner Kindheit viel gelacht haben.
Sabah hava yaxşı olacaqmış.	Morgen soll das Wetter gut werden.
Qardaşım məktubu dostu ilə göndəribmiş.	Mein Bruder hat wohl den Brief durch seinen Freund geschickt.

6. Mit Bildungen von **olmaq** zusammengesetzte Formen

Das Aserbaidschanische besitzt eine Reihe weiterer zusammengesetzter Verbformen, denn es ist möglich, alle diejenigen Bildungen von **olmaq**, in denen es das Hilfsverbs *sein* vertritt (vgl. S. 38), an die Partizipien eines Vollverbs anzuschließen:

Maşınımızı təmir etdirməli olacaqmışıq.	Wir werden wohl unser Auto reparieren lassen müssen.

Zur Bildung des Futur II wird das Futur von **olmaq** hinter das Partizip Perfekt auf **-miş** gestellt:

Qonaqlarımız bir saat sonra Bakıya gəlib çatmış olacaqlar.	Unsere Gäste werden in einer Stunde in Baku angekommen sein.

Durch die Perfektformen von **olmaq** in seiner Bedeutung *werden* wird das Entstehen einer Situation zum Ausdruck gebracht:

Bir saat gözləməli oldum.	Ich war gezwungen, eine Stunde zu warten.
Azərbaycandaykən çay içər olmuşam.	Als/während ich in Aserbaidschan war, bin ich einer geworden, der regelmäßig Tee trinkt = als ich in Aserbaidschan war, habe ich mir angewöhnt, Tee zu trinken.

7. Konditionale Verbformen

Zur Bildung von konditionalen Verbformen besitzt das Aserbadschanische ein eigenes Themasuffix **-sə**, an das sich die gleichen Endungen wie beim Perfekt anschließen. Folgen diese sog. konditionalen Personalendungen direkt auf den Verbstamm, entsteht ein potentialer Konditional, der meist auch als realer Konditional verwendet wird:

Verbstamm	Negation	Konditionale Personalendungen
ver-	-mə	-səm
işlə-		-sən
		-sə
		-sək
		-səniz
		-sələr

e, ə, i	ö, ü	a, ı	o, u
versə	görsə	yazsa	olsa
verməsə	görməsə	yazmasa	olmasa
işləsə	üşüsə	başlasa	oxusa
işləməsə	üşüməsə	başlamasa	oxumasa

versəm	falls/wenn ich gebe
versən	falls/wenn du gibst
versə	falls/wenn er gibt
versək	falls/wenn wir geben
versəniz	falls/wenn ihr gebt
versələr	falls/wenn sie geben

verməsəm	falls/wenn ich nicht gebe
verməsən	falls/wenn du nicht gibst
verməsə	falls/wenn er nicht gibt
verməsək	falls/wenn wir nicht geben
verməsəniz	falls/wenn ihr nicht gebt
verməsələr	falls/wenn sie nicht geben

Die konditionalen Verbformen dienen in erster Linie zur Bildung von konditionalen Nebensätzen:

Düz getsəniz vağzala çatarsınız.	Falls/wenn Sie geradeaus gehen, gelangen Sie zum Bahnhof.
Bacarsam, tez gələcəyəm, geciksəm, xəbər göndərəcəyəm.	Falls/wenn es mir gelingt, werde ich schnell kommen; falls ich mich verspäte, werde ich Nachricht schicken.
Siz yaylağa çıxsanız biz də çıxarıq.	Falls/wenn ihr auf die Sommerweide geht, gehen wir auch.

Sehr häufig finden sich Redewendungen, bei denen eine Form von **olmaq** in seiner Bedeutung *sein* das Prädikat bildet:

| Bugün axşam sinamaya getsək necə olar? | Wie wäre es, wenn wir heute Abend ins Kino gingen? |

Fehlt der Hauptsatz, bleibt die konditionale Verbform als Vorschlag oder höfliche Bitte im Raum stehen:

| Bugün axşam sinamaya getsək ...? | ... und wenn wir heute Abend ins Kino gehen? |

Vorzeitigkeit und Nachzeitigkeit ergeben sich dadurch, dass man die Formen des Konditionals von **olmaq** hinter die Partizipien von Perfekt bzw. Futur des Vollverbs stellt:

| vermiş olsa | falls er gegeben hat |
| verəcək olsa | falls er zu geben beabsichtigt |

| Dostun indiyəcən gəlməmiş olsa sabah gələcək. | Falls dein Freund bis jetzt nicht gekommen sein sollte, wird er morgen kommen. |
| Bazara gedəcək olsam sizə vaxtında xəbər verərim. | Falls ich die Absicht haben sollte, auf den Markt zu gehen, gebe ich euch rechtzeitig Nachricht. |

Die eigentlichen, wenn auch weniger häufig verwendeten Formen des realen Konditionals entstehen durch Anfügung von **isə** an die einfachen Tempora und Modi des Vollverbs sowie dadurch, dass man **olarsa** hinter die Partizipien von Perfekt bzw. Futur des Vollverbs stellt:

verirsə	wenn er (jetzt) gibt
vermәkdәysә	wenn er dabei ist, zu geben
verәrsә	wenn er (grundsätzlich) gibt
verәcәksә	wenn er (ganz sicher) geben wird
vermәliysә	wenn er geben muss
verdiysә	wenn er (tatsächlich) gegeben hat
vermişsә	wenn er gegeben hat

vermiş olarsa	wenn er gegeben hat
verәcәk olarsa	wenn er vorhat, zu geben

Siz mәnim burnumu bәyәnmirsәniz, mәn dә sizin qulaqlarınınızı bәyәnmirәm.	Wenn Sie meine Nase nicht mögen, mag ich Ihre Ohren nicht.

Da in diesem Fall die 2. Person Singular der Konditionals mit derjenigen der einfachen finiten Verbform identisch ist, kann entweder der Satz durch das aus dem Persischen stammende **әgәr** *wenn* eingeleitet oder an die Verbform ein zusätzliches **-sә** angefügt werden:

Әgәr mәni sevirsәn, gözlә!	Wenn du mich liebst, warte!
Mәni sevirsәnsә, gözlә!	Wenn du mich liebst, warte!

Folgt auf die konditionale Verbform die Konjunktion **dә** *auch*, entsteht ein Konzessivsatz:

Siz bizi tanımırsanız da, biz sizi yaxşı tanıyırıq.	Wenn ihr uns auch nicht kennst, so kennen wir euch doch gut.
Şair qocalsa da, şeri qocalmaz.	Wenn der Dichter auch altert, so altern doch seine Gedichte nicht.

Zur Bildung des irrealen Konditionals fügt man die Formen von **idi** an die Grundform des einfachen Konditionals des Vollverbs; gleichzeitig wird auch das Prädikat des Hauptsatzes um **idi** erweitert:

| Sinamaya getsəydiniz mən də gedərdim. | Wenn ihr ins Kino ginget, ginge ich auch. |

Bleibt der Hauptsatz unausgesprochen, wird ein unerfüllter Wunsch zum Ausdruck gebracht, der meist durch **kaş ki** *wenn doch nur* eingeleitet wird:

| Kaş ki, zəng etsəydiniz! | Wenn ihr doch nur anrufen würdet/ hättet ihr doch nur angerufen! |

Auch hier besteht die Möglichkeit, zeitlich zu differenzieren, indem man den irrealen Konditional von **olmaq** hinter die Partizipien von Perfekt bzw. Futur des Vollverbs stellt:

| vermiş olsaydı | wenn er gegeben hätte |
| verəcək olsaydı | wenn er hätte geben wollen |

| Gəlmiş olsaydınız sevinərdim. | Wenn ihr gekommen wärt, hätte ich mich gefreut. |
| Bazara gedəcək olsaydım sizə xəbər verərdim. | Wenn ich die Absicht gehabt hätte, auf den Markt zu gehen, hätte ich euch Nachricht gegeben. |

Schließlich verwenden auch verallgemeinernde Relativsätze, die im Deutschen durch Fragewörter eingeleitet werden, im Aserbaidschanischen stets eine konditionale Verbform:

Siz haraya getsəniz, biz də oraya gedərik.	Wohin ihr geht, dahin gehen wir auch.
Kim gəlmək istəyirsə gəlsin.	Wer kommen will, soll kommen.
Nə tökərsən aşına, o çıxar qaşığına.	Was du in dein Essen schüttest, das taucht auf deinem Löffel (wieder) auf.

IX. Verbalnomina

1. Allgemeines

Verbalnomina sind auf der einen Seite Verbalsubstantive oder Infinitive, die einen Sachverhalt oder eine Handlung in Gegenwart, Vergangenheit oder Zukunft beschreiben. Sie werden wie Substantive behandelt und können daher nicht nur Possessivsuffixe erhalten, sondern auch dekliniert und im Zusammenhang mit Postpositionen verwendet werden. Die deutsche Wiedergabe erfolgt zumeist durch ein Verbalsubstantiv oder eine Konstruktion „die Tatsache, dass".

Auf der anderen Seite sind Verbalnomina auch Verbaladjektive oder Partizipien, die eine jeweils handelnde Person beschreiben und deren Wiedergabe im Deutschen zumeist in Form eines Relativsatzes erfolgt. Da sie als Adjektive verstanden werden, können sie nicht nur attributiv vor einem Substantiv stehen, sondern auch selbst substantivisch gebraucht werden (vgl. Kap. II); in dieser letzteren Funktion bilden sie u.a. die Gruppe von Prädikatsnomina, die zur Bildung der finiten Verbformen eingesetzt werden (vgl. S. 43).

Durch den Gebrauch von Verbalnomina bringt das Aserbaidschanische in bestechend knapper Form Sachverhalte zum Ausdruck, für die das Deutsche die unterschiedlichsten Nebensätze – Subjekt- und Objektsätze, Temporalsätze, Kausalsätze, Finalsätze, indirekte Fragesätze, Konzessivsätze, Modalsätze, Relativsätze – benötigt.

2. Der Infinitiv auf -mək

Ohne Possessivsuffixe drückt der Infinitiv auf **-mək** (vgl. S. 43) eine Tätigkeit in ihrer allgemeinen und personenunabhängigen Bedeutung aus und entspricht so weitgehend deutschen Nebensätzen mit dem Infinitiv mit *zu*. Je nachdem, welchen Kasus das folgende Verb regiert, kann er dekliniert, im Zusammenhang mit Postpositionen verwendet oder Teil eines zusammengesetzten Substantivs werden.

Im Zusammenhang mit **asan olmaq** *leicht sein*, **çətin olmaq** *schwierig sein*, **faydalı olmaq** *nützlich sein*, **istəmək** *wollen*, **lazım olmaq** *notwendig sein*, **mümkün olmaq** *möglich sein*, **niyyətində olmaq** *beabsichtigen*, **olmaq** *in Ordnung sein, erlaubt sein*, **qadağan olmaq** *verboten sein*, **üzərə olmaq** *im Begriff sein*, **vaxtı olmaq** *Zeit sein*, **xoş olmaq** *angenehm sein*, **yaraşmaq** *angemessen sein, passen* steht er im Nominativ:

Burada şəkil çəkmək olarmı?	Ist es gestattet, hier zu fotografieren?
Sigaret çəkmək qadağandır.	Es ist verboten, zu rauchen.
Təyyarə yerə enmək üzərədir.	Das Flugzeug ist im Begriff, zu landen.
Yarı yoldan qayıtmaq bizə yaraşmaz.	Auf halbem Weg umzukehren, passt nicht zu uns.
Yatmaq vaxtıdır.	Es ist Schlafenszeit/ es ist Zeit, schlafen zu gehen.

Bei den Verben **başlamaq** *anfangen*, **cəsarət etmək** *wagen*, **çağırmaq** *rufen, einladen*, **çalışmaq** *sich bemühen*, **davam etmək** *fortfahren*, **dəvət etmək** *einladen*, **dəymək** *lohnen, wert sein*, **gəlmək** *kommen*, **getmək** *gehen*, **haqqı olmaq** *das Recht haben*, **hazır olmaq** *bereit sein*, **hazırlanmaq** *sich vorbereiten*, **həvəsi olmaq** *Lust haben*, **icazə vermək** *erlauben*, **imkan vermək** *die Möglichkeit geben*, **məcbur olmaq** *gezwungen sein*, **müştaq olmaq** *begierig sein*, **qoymaq** *gestatten*, **vaxtı olmaq** *Zeit haben* steht der Infinitiv im Dativ:

Azəricə öyrənməyə başladım.	Ich habe angefangen, Aserbaidschanisch zu lernen.
Mən sizi görməyə gəldim.	Ich bin gekommen, euch zu sehen.
Mən vaxtında gəlməyə çalışacağam.	Ich werde mich bemühen, rechtzeitig zu kommen.

Bugün axşam bizimlə teatra getməyə vaxtınız varmı?	Habt ihr Zeit, heute Abend mit uns ins Theater zu gehen?
İmtahana girməyə hazırlanırıq.	Wir bereiten uns darauf vor, in die Prüfung zu gehen.

Den Akkusativ regieren Verben wie **bacarmaq** *fähig sein*, **buraxmaq** *sein lassen*, **öyrənmək** *lernen*, **sevmək** *lieben*, **təklif etmək** *vorschlagen*, **unutmaq** *vergessen*:

Mən dənizi seyr etməyi sevərəm.	Ich liebe es, das Meer zu betrachten.
Üzməyi yaxşı başarırsanmı?	Kannst du gut schwimmen?
Biz çörək almağı unutmuşuq.	Wir haben vergessen, Brot zu holen.

Der Lokativ drückt eine gegenwärtige Handlung aus (vgl. S. 46):

Qatar Bakıya yaxınlaşmaqdadır.	Der Zug ist dabei, sich Baku zu nähern.

Der Ablativ steht im Zusammenhang mit den Verben **çəkinmək** *sich genieren*, **qorumaq** *schützen*, **qorxmaq** *sich fürchten*, **şad olmaq** *erfreut sein*, **utanmaq** *sich schämen*, **yorulmaq** *ermüden*, auch dient er dazu, die Ursache anzugeben oder Tätigkeiten zu vergleichen (vgl. S. 16):

Səni görməkdən çox şad oldum.	Es freut mich sehr, dich zu sehen.
Biz gülməkdən öldük.	Wir sind gestorben vor Lachen.
İşləmək boş-boş oturmaqdan yaxşıdır.	Es ist besser, zu arbeiten, als untätig herumzusitzen.

Unter den Postpositionen sind es vor allem **ilə** *mit*, **başqa** *außer* und **üçün** *für*, die im Zusammenhang mit dem Infinitiv auftreten. Verbunden mit **üçün** entsteht ein Finalsatz, der im Deutschen mit *um zu* wiedergegeben wird:

Mən kompüterimi təmir etməklə məşğul idim.	Ich war damit beschäftigt, meinen Computer zu reparieren.
Sizi görməkdən başqa arzum yoxdur.	Ich habe keinen anderen Wunsch, als euch zu sehen.
Susuzluğu yatırmaq üçün ən yaxşısı çay içməkdir.	Um den Durst zu stillen, ist es das Beste, Tee zu trinken.

Mit Possessivsuffixen versehen drückt der Infinitiv auf **-mək** eine konkrete, auf eine handelnde Person bezogene Tätigkeit aus, die im Bereich der Gegenwart liegt. In der 3. Person tritt neben **-məyi** auch **-məsi** auf, wodurch die beschriebene Handlung einen etwas allgemeineren Charakter erhält:

Burada şəkil çəkməyimiz olarmı?	Ist es gestattet, dass wir hier fotografieren?
Uşağın bağırmağı/bağırması yaxşı yadımdadır.	Das Schreien/das Geschrei des Kindes ist mir (noch) gut in Erinnerung.

Hier sind es Verben wie **baxmaq** *darauf achten*, **kömək etmək** *behilflich sein*, **mane olmaq** *hinderlich sein*, **razı olmaq** *einverstanden sein*, **sevinmək** *sich freuen*, **şad olmaq** *erfreut sein*, **təəccüblənmək** *sich wundern*, **zaman qalmaq** *Zeit bleiben*, die im Zusammenhang mit dem Dativ auftreten:

Gəlməyinizə çox sevinərdim.	Ich würde mich über euer Kommen sehr freuen.
Sizinlə tanış olmağıma çox şadam.	Ich bin sehr erfreut, Sie kennen zu lernen.
Seansın başlanmasına beş dəqiqə qaldı.	Es sind fünf Minuten bis zum Beginn der Vorstellung.

Den Akkusativ regieren die Verben **arzu etmək** *wünschen*, **bilmək** *wissen*, **çatdırmaq** *ausrichten*, **diqqət etmək** *darauf achten*, **eşitmək** *hören*, **gözləmək** *erwarten*, **istəmək** *wollen*, **məsləhət görmək** *empfehlen*, **qoymaq** *gestatten, zulassen*, **söz vermək** *versprechen*, **tapşırmaq** *verlangen*:

Tezliklə sağalmağınızı arzu edirəm.	Ich wünsche (Ihnen), dass Sie schnell (wieder) gesund werden.
Havanın belə isti olmasını heç bilmirdim.	Ich wusste überhaupt nicht, dass das Wetter so heiß sein könnte.
Oğlumuzun gəlməsini gözlədik.	Wir haben darauf gewartet, dass unser Sohn kommt.

Die Postposition **üçün** *für* (vgl. S. 32) dient in diesem Zusammenhang der Wiedergabe von Finalsätzen:

Uşağın qorxmaması üçün evdə qaldım.	Ich bin zu Hause geblieben, damit das Kind sich nicht fürchtet.

3. Das Verbalnomen auf -dik als Verbalsubstantiv

Das Verbalnomen auf **-dik** hat sowohl Perfekt- als auch Präsensbedeutung, da hier die beschriebene Handlung bereits eingesetzt hat. Ob sie bereits abgeschlossen ist (Perfektbedeutung) oder noch andauert (Präsensbedeutung), ergibt sich aus dem Zusammenhang:

e, ə, i	ö, ü	a, ı	o, u
verdik	gördük	yazdıq	olduq
işlədik	üşüdük	başladıq	oxuduq

Zəng etdiyin yaxşı oldu.	Es war gut, dass du angerufen hast.
Bizə xəbər vermədiyinizin səbəbi nədir?	Was ist der Grund dafür, dass ihr uns keine Nachricht gegeben habt?
Dediyinizin hamısını başa düşdüm.	Ich habe alles (von dem) verstanden, was Sie gesagt haben.

Der Dativ steht im Zusammenhang mit den Verben **güvənmək** *darauf vertrauen*, **inanmaq** *daran glauben*, **qulaq asmaq** *zuhören*, **sevinmək** *sich freuen*, **şübhə eləmək** *Zweifel hegen*, **təəssüf etmək** *bedauern*:

Gəldiyinizə çox sevindik.	Wir haben uns sehr gefreut, dass ihr gekommen seid.
Gələ bilmədiyinizə təəssüf edirəm.	Ich bedaure, dass ihr nicht habt kommen können.

Es sind vor allem die Verben **başa düşmək** *verstehen*, **bildirmək** *mitteilen*, **bilmək** *wissen*, **çatdırmaq** *übermitteln, ausrichten*, **eşitmək** *hören*, **görmək** *sehen*, **hiss etmək** *fühlen*, **isbat etmək** *beweisen*, **oxumaq** *lesen*, **öyrənmək** *erfahren*, **soruşmaq** *fragen*, **söyləmək** *sagen*, **unutmaq** *vergessen*, **yazmaq** *schreiben*, bei denen das Verbalnomen im Akkusativ steht:

Azəricə öyrəndiyimi bilirsənmi?	Weißt du, dass ich Aserbaidschanisch gelernt habe?
Sənin evləndiyini eşitmişəm.	Ich habe gehört, dass du (m.) geheiratet hast.
Xahiş edirəm, zəng etdiyimi çatdırın!	Bitte richten Sie aus, dass ich angerufen habe!

Auf die gleiche Art entstehen Sätze, die deutschen indirekten Fragesätzen entsprechen:

Atamızın haraya getdiyini gördünmü?	Hast du gesehen, wohin unser Vater gegangen ist?
Kim olduğumu bilirsənmi?	Weißt du, wer ich bin?
Şirinin gəlib gəlmədiyini bilirsənmi?	Weißt du, ob Schirin gekommen ist?

Kausalsätze werden entweder mit Hilfe der Postposition **üçün** *für, wegen* (vgl. S. 32) oder durch den Ablativ wiedergegeben:

İşlədiyim üçün gələ bilmədim/ işlədiyimdən gələ bilmədim.	Ich konnte nicht kommen, weil ich gearbeitet habe.

Daneben dient der Ablativ auch zur Wiedergabe eines Komparativs:

Bu xalça düşündüyümdən bahadır.	Dieser Teppich ist teurer als ich dachte.

Verbunden mit **kimi** *(genau) wie* (vgl. S. 32) und **görə** *hinsichtlich, gemäß, zufolge* (vgl. S. 34) entstehen Modalsätze:

Hamı gözlədiyimiz kimi oldu.	Es ist alles geschehen, wie wir es erwartet hatten.
Eşitdiyime görə qonuğunuz dünən axşam gəlmişdir.	Soweit ich gehört habe, ist euer Gast gestern Abend gekommen.

Um zwischen Präsens- und Perfektbedeutung zu differenzieren, wird **olduq** hinter den Lokativ des Infinitivs auf **-mək** bzw. hinter das Partizip Perfekt des Vollverbs (vgl. S. 79) gestellt:

Bir kitab yazmaqda olduğumu bilmirsənmi?	Weißt du nicht, dass ich dabei bin, ein Buch zu schreiben?
Mənim zəng etmiş olduğumu yada saldınmı?	Hast du dich daran erinnert, dass ich angerufen hatte?

4. Das Verbalnomen auf **-dik** als Partizip

Attributiv vor ein Substantiv gestellt dient das Verbalnomen auf **-dik** der Entsprechung deutscher Relativsätze, bei denen das Relativpronomen in allen Kasus außer dem Nominativ steht. Das Subjekt der Nebenhandlung wird durch das jeweilige Possessivsuffix zum Ausdruck gebracht; welchen Kasus ein Verb regiert, bleibt dabei unberücksichtigt:

Yeməyə dəvət etdiyin qonşu kimdir?	Wer ist der Nachbar, den du zum Essen eingeladen hast?
Yeməyə dəvət etmiş olduğun qonşu kimdir?	Wer ist der Nachbar, den du zum Essen eingeladen hattest?

Steht in einem solchen Satz vor der Partizipialform ein Substantiv mit dem Possessivsuffix der 3. Person sowie in dem Kasus, den das betreffende Verb regiert, ist dieses das Objekt des Nebensatzes:

Oğlunu yeməyə dəvət etdiyin qonşu kimdir?	Wer ist der Nachbar, dessen Sohn du zum Essen eingeladen hast?

Verbunden mit **vaxt**, **zaman** *die Zeit* oder einem anderen Zeitbegriff entstehen Temporalsätze, die im Deutschen durch *als* eingeleitet werden:

İlk dəfə Bakıya gəldiyim zaman/vaxt azəricə bilmirdim.	Als ich das erste Mal nach Baku kam, konnte ich kein Aserbaidschanisch.

Um auf die Frage **nə qədər** *wie viel, welche Menge* zu antworten, ersetzt man das Fragewort **nə** ebenfalls durch das entsprechende Verbalnomen:

İstədiyin qədər al!	Nimm die Menge, die du willst = nimm so viel (wie) du willst!

Verbunden mit **halda** *im Zustand* entstehen Konzessivsätze, die im Deutschen mit *obwohl* beginnen:

Ac və yorğun olduğumuz halda işimizi davam etdirdik.	Obwohl wir hungrig und müde waren, haben wir unsere Arbeit fortgesetzt.

5. Das Verbalnomen auf -(y)ən als Verbalsubstantiv

Anders als das Verbalnomen auf **-dik** erhält das Verbalnomen auf **-(y)ən** keine Possessivsuffixe zur Bezeichnung der handelnden Personen, so dass die Bildungen den Charakter von Konverbien (vgl. Kap. X) erhalten. Sein Gebrauch als Verbalsubstantiv ist auf einige wenige Beispiele zur Bildung von Temporalsätzen beschränkt:

e, ə, i	ö, ü	a, ı	o, u
verən	görən	yazan	olan
işləyən	üşüyən	başlayan	oxuyan

Durch den Lokativ werden Sätze gebildet, die im Deutschen durch *wenn*, *als* oder *während* wiedergegeben werden.

Bazara gedəndə ananızı gördüm.	Als ich auf den Markt gegangen bin, habe ich eure Mutter gesehen.
Bakıya gəlib çatanda sizə zəng edərəm.	Ich rufe euch an, wenn ich in Baku ankomme.

Ist das Subjekt der Nebenhandlung ein anderes als das der Haupthandlung, wird es zusätzlich an den Satzanfang gestellt; hierher gehören auch die Zeitangaben mit *um* (vgl. S. 27):

Qatar Bakıya gəlib çatanda sizə zəng edərəm.	Ich rufe euch an, wenn der Zug in Baku ankommt.
Dünən yağış yağanda evdəydim.	Ich war gestern zu Hause, als/während es geregnet hat.
Dərs saat üçə on beş dəqiqə qalanda qurtarır.	Der Unterricht endet, wenn bis drei Uhr fünfzehn Minuten bleiben = der Unterricht endet um 2:45 Uhr.

Verbunden mit **kimi** *wie* (vgl. S. 32) entsteht ein Temporalsatz mit *sowie*, *sobald*:

Mən Bakıya gəlib çatan kimi sizə zəng edəcəyəm.	Ich werde euch anrufen, sowie ich in Baku ankomme.

Durch den Einsatz von **qədər** oder **-dək** (vgl. S. 34) werden Temporalsätze wiedergegeben, die im Deutschen durch *bis* eingeleitet werden:

Gün batanadək bağçada oturub söhbət etdik.	Wir haben im Garten gesessen und uns unterhalten, bis die Sonne untergegangen ist.
Sabah görüşənədək!	Bis wir uns morgen wiedersehen = auf Wiedersehen bis morgen!

Die Postposition **bəri** (vgl. S. 35) leitet Temporalsätze mit *seit* ein:

Mən anadan olandan bəri bu evdə yaşayıram.	Ich lebe in diesem Haus, seit ich geboren wurde.

Mit Hilfe der Postposition **sonra** (vgl. S. 35) entstehen Temporalsätze, die im Deutschen mit *nachdem* beginnen:

Nahar yeməyini yeyəndən sonra birlikdə şəhərə gedək.	Lasst uns zusammen in die Stadt fahren, nachdem wir zu Mittag gegessen haben.

Ist das Subjekt der Nebenhandlung ein anderes als das der Haupthandlung, wird es zusätzlich an den Satzanfang gestellt. Soll eine Zeitangabe hinzugefügt werden, tritt diese zwischen Verbalnomen und Postposition:

Uşaqlar nahar yeməyini yeyəndən həman sonra birlikdə şəhərə gedək.	Lasst uns sofort nachdem die Kinder zu Mittag gegessen haben, zusammen in die Stadt fahren.
Qatar Bakıya gəlib çatandan iyirmi dəqiqə sonra sizdə olacağam.	Ich werde zwanzig Minuten, nachdem der Zug in Baku angekommen ist, bei euch sein.

6. Das Verbalnomen auf -(y)ən als Partizip

Als Partizip dient das Verbalnomen auf **-(y)ən** der Entsprechung deutscher Relativsätze, deren Relativpronomen im Nominativ oder auch Genitiv steht. Es ist zeitlich indifferent und insofern vom Prädikat des Satzes abhängig:

Bizi yeməyə dəvət edən qonşu kimdir?	Wer ist der Nachbar, der uns zum Essen einlädt?
Bizi yeməyə dəvət edən qonşu kim idi?	Wer war der Nachbar, der uns zum Essen eingeladen hat?

Steht vor dem Partizip ein Substantiv mit dem Possessivsuffix der 3. Person und im Nominativ, ist dieses Wort das Subjekt des Nebensatzes. Die deutsche Übersetzung erfolgt, indem man das Relativpronomen in den Genitiv setzt:

Oğlu bizi yeməyə dəvət edən qonşu kimdir?	Wer ist der Nachbar, dessen Sohn uns zum Essen einlädt?

Das Partizip kann auch als Substantiv auftreten:

Bizi yeməyə dəvət edən kimdir?	Wer ist es, der uns zum Essen einlädt?
Azərice bilən varmı?	Gibt es jemanden, der Aserbaidschanisch kann?
Gəlmək istəyən gəlsin.	Derjenige, der kommen will, soll kommen = wer kommen will, soll kommen.

Neben dem Partizip auf **-(y)ən**, das eine konkrete Situation wiedergibt, tritt auch das Präsens-Futur auf **-(y)ər/-məz** (vgl. S. 47) als Partizip auf, wenn es darum geht, eine Eigenschaft auszudrücken:

axar su	fließendes Wasser
atasına oxşar bir uşaq	ein Kind, das seinem Vater ähnelt
qorxmaz bir adam	ein furchtloser Mensch
unudulmaz günlər	unvergessliche Tage
yazar	einer, der schreibt; Schriftsteller

7. Das Partizip auf -miş

Mit Hilfe des Partizips auf **-miş** werden die duch das Partizip auf **-(y)ən** wiedergegebenen Handlungen in die Vergangenheit übertragen.

e, ə, i	ö, ü	a, ı	o, u
vermiş	görmüş	yazmış	olmuş
işləmiş	üşümüş	başlamış	oxumuş

Ist das Subjekt unbestimmt, steht **-miş** für sich allein:

dəvət etmiş bir qonşu	ein Nachbar, der eingeladen hat
dəvət etmiş qonşular	Nachbarn, die eingeladen haben

Handelt es sich um ein bestimmtes Subjekt, wird **olan** hinter das Partizip gestellt:

Bizi yeməyə dəvət etmiş olan qonşu kimdir?	Wer ist der Nachbar, der uns zum Essen eingeladen hat?
Oğlu bizi yeməyə dəvət etmiş olan qonşu kimdir?	Wer ist der Nachbar, dessen Sohn uns zum Essen eingeladen hat?

Substantivisch gebraucht dient das Partizip in Verbindung mit der Postposition **kimi** *wie* der Wiedergabe von Sätzen, die im Deutschen mit *als ob* wiedergegeben werden:

Sən heç bir şey yeməmiş kimi görünürsən.	Du sieht aus wie einer, der nichts gegessen hat = du siehst aus, als hättest du nichts gegessen.

Eine Eigenschaft des Partizips auf **-mış** besteht darin, das es ebenso wie die deutschen Partizipien des Perfekt auch als Adverb dienen kann. In dieser Funktion bildet es zunächst die Vorzeitigkeit zu den Sätzen mit **-(y)əndə** (vgl. S. 76):

Bakıya gəlib çatmış qardaşıma zəng etdim.	In Baku angekommen, habe ich meinen Bruder angerufen.

Die verneinten Formen entsprechen den deutschen Partizipien *ungefragt*, *unerwartet*, *unverhofft* und dienen der Wiedergabe von Sätzen, die mit *wenn noch nicht*, *als noch nicht*, *solange nicht*, *bevor* wie auch *ohne ... zu haben* wiedergegeben werden:

Səhər yeməyini yeməmiş evdən çıxmamalısınız.	Ihr sollt nicht ungefrühstückt aus dem Haus gehen = ihr sollt nicht aus dem Haus gehen, ohne gefrühstückt zu haben.
Niyə bizə deməmiş sinamaya getdin?	Warum bist du ins Kino gegangen, ohne es uns gesagt zu haben?
Biz gün çıxmamış durduq.	Wir sind aufgestanden, als die Sonne noch nicht aufgegangen war/ wir sind aufgestanden, bevor die Sonne aufgegangen war.
Qonaqlar gəlməmiş süfrəni hazırlayaq.	Lasst uns den Tisch richten, solange die Gäste noch nicht gekommen sind.

Um Temporalsätze mit *bevor* zu bilden, kann die verneinte Form auch in den Ablativ gesetzt werden und die Postpositionen **əvvəl** oder **qabaq** erhalten (vgl. S. 35):

Evdən çıxmamışdan əvvəl səhər yeməyini yeyək.	Lasst uns frühstücken, bevor wir aus dem Haus gehen.
Təyyarə uçmamışdan iki saat əvvəl aeroportda olaq.	Lass zwei Stunden, bevor das Flugzeug abfliegt, am Flughafen sein.

8. Das Verbalnomen auf -(y)əcək

Das Verbalnomen auf **-(y)əcək** stellt in jeder Hinsicht, d.h. sowohl als Verbalsubstantiv wie als Partizip, die futurische Entsprechung des Verbalnomens auf **-dik** dar (vgl. S. 73, 75)

e, ə, i	ö, ü	a, ı	o, u
verəcək	görəcək	yazacaq	olacaq
işləyəcək	üşüyəcək	başlayacaq	oxuyacaq

Sənin evlənəcəyini eşitmişəm.	Ich habe gehört, dass du (m.) heiraten wirst/willst.
Şirinin Bakıya gələcəyini bilirsənmi?	Weißt du, dass Schirin nach Baku kommen wird?

Nə edəcəyimi bilmirəm.	Ich weiß nicht, was ich machen werde/soll.
Sənin nə deyəcəyini bilirəm.	Ich weiß, was du sagen wirst/willst.
Şirinin nə vaxt gələcəyini bilirsənmi?	Weißt du, wann Schirin kommen wird?
Şirinin gəlib gəlməyəcəyini bilirsənmi?	Weißt du, ob Schirin kommen wird?

İşləyəcəyim üçün gələ bilməyəcəyəm.	Ich werde nicht kommen können, weil ich arbeiten werde.

Daşıya biləcəyin qədər al!	Nimm so viel (wie) du wirst tragen können!

Yeməyə dəvət edəcəyin qonşu kimdir?	Wer ist der Nachbar, den du zum Essen einladen wirst/willst?
Oğlunu yeməyə dəvət edəcəyin qonşu kimdir?	Wer ist der Nachbar, dessen Sohn du zum Essen einladen wirst/willst?

Um Modalsätze zu bilden, die im Deutschen mit *statt zu* beginnen, setzt man **-(y)əcək** entweder in den Dativ, oder man belässt es im Nominativ und fügt **yerdə** *anstelle* hinzu:

Evdə oturacağımıza gəzməyə gedək.	Lasst uns spazieren gehen, statt zu Hause zu sitzen.
Evdə oturacağımız yerdə gəzməyə gedək.	Lasst uns spazieren gehen, statt zu Hause zu sitzen.

Das Verbalnomen auf **-(y)əcək** bildet andererseits auch die futurische Entsprechung des Partizips auf **-(y)ən** (vgl. S. 78).

Ist das Subjekt unbestimmt, steht es für sich allein:

dəvət edəcək bir qonşu	ein Nachbar, der einladen wird
dəvət edəcək qonşular	Nachbarn, die einladen werden

Handelt es sich um ein bestimmtes Subjekt, wird **olan** hinter das Partizip gestellt:

Bizi yeməyə dəvət edəcək olan qonşu kimdir?	Wer ist der Nachbar, der uns zum Essen einladen wird/will?

Oğlu bizi yeməyə dəvət edəcək olan qonşu kimdir?	Wer ist der Nachbar, dessen Sohn uns zum Essen einladen wird/will?

9. Die Verbalnomina auf -məli und -(y)əsi

Bezieht man das Partizip auf **-məli** (vgl. S. 56) auf einen Ort oder Gegenstand, erhält es die Bedeutung *lohnend*, *...bar*, *...wert* und kann in dieser Funktion nicht nur als Prädikatsnomen, sondern auch attributiv verwendet werden:

Bu kitab oxumalıdır.	Dieses Buch ist lesenwert.
Bu film görməlidir.	Dieser Film ist sehenswert.
Bu su içməlidir.	Dieses Wasser ist trinkbar.

Bu, oxumalı bir kitabdır.	Dies ist ein lesenswertes Buch.
Bu, görməli bir filmdir.	Dies ist ein sehenswerter Film.
Bu, içməli sudur.	Dies ist trinkbares Wasser.

Das Partizip auf **-(y)əsi** (vgl. S. 58) kann ebenfalls als Attribut dienen und ebenso wie das Partizip Perfekt mit **olduq** verbunden werden (vgl. S. 74):

Qız, əri olası adamın sakit üzünü, ağıllı alnını gördü.	Das Mädchen sah das ruhige Gesicht und die kluge Stirne des Mannes, der ihr Ehemann werden sollte.
Uşaqlar haraya gedəsi olduqlarını anlatmalıydı.	Die Kinder mussten erzählen, wohin sie gehen sollten.

Schließlich bilden die Formen auf **-(y)əsi** Substantive, die im Zusammenhang mit dem Verb **gəlmək** *kommen* dazu verwendet werden, einem inneren Bedürfnis Ausdruck zu geben:

vermək	geben	verəsi	der Wunsch zu geben
görmək	sehen	görəsi	der Wunsch zu sehen
yazmaq	schreiben	yazası	der Wunsch zu schreiben
oxumaq	lesen	oxuyası	der Wunsch zu lesen

Bir şey içəsim gəlir.	Ich bekomme Lust, etwas zu trinken.
Bu kitabı oxuyasım gəldi.	Ich habe Lust bekommen, dieses Buch zu lesen.
Bugün heç işləyəsim gəlmir.	Ich habe heute überhaupt keine Lust, zu arbeiten.

X. Konverbien

Konverbien sind Verbformen, die dadurch entstehen, dass man an den Stamm eines Verbs ein bestimmtes Suffix anfügt und sie dann nicht weiter dekliniert oder konjugiert, so dass der Zeitpunkt sowie das Subjekt der Handlung erst aus einem folgenden Verb deutlich werden. Durch Konverbien werden im Wesentlichen Sachverhalte wiedergegeben, die deutschen Adverbialsätzen entsprechen (vgl. die Übersicht über die deutschen Nebensätze und ihre aserbaidschanischen Entsprechungen im Anhang, S. 109).

1. Das Konverb auf -(y)ib

Dieses Konverb wird eingesetzt, um bei aufeinanderfolgenden Handlungen die Wiederholung gleicher Suffixe zu vermeiden:

e, ə, i	ö, ü	a, ı	o, u
verib	görüb	yazıb	olub
işləyib	üşüyüb	başlayıb	oxuyub

Yuyunub geyindik.	Wir haben uns gewaschen und angezogen.
Yuyunub geyindinizmi?	Habt ihr euch gewaschen und angezogen?

Mən səhər-səhər qalxıb yuyunub geyinib səhər yeməyini yeyib gəldim.	Ich bin in aller Frühe aufgestanden, habe mich gewaschen, angezogen, gefrühstückt und bin gekommen.

Ist die 2. Handlung verneint, bewirkt dies automatisch auch eine Verneinung der durch das Konverb ausgedrückten 1. Handlung:

Hələ yuyunub geyinmədinizmi?	Habt ihr euch noch nicht gewaschen und angezogen?

Umgekehrt kann die Konverbform verneint werden, ohne dass dies einen Einfluss auf die folgende Handlung hat:

| Mən ölməyib sağ qaldım. | Ich bin nicht gestorben, (sondern) am Leben geblieben. |

Gelegentlich werden zwei Verben, von denen das erste auf **-(y)ib** endet, zu einer Handlung zusammengefasst:

Quşlar uçub getmiş.	Die Vögel sind weggeflogen (geflogen und gegangen).
Pilovu yeyib qurtardınmı?	Hast du den Pilav aufgegessen (gegessen und beendet)?
Köynəyi geyib yoxlamaq olarmı?	Darf man das Hemd anprobieren (anziehen und prüfen)?
Saat onda Bakıya gəlib çatacağız.	Wir werden um zehn Uhr in Baku ankommen (kommen und erreichen).
Saat on birdə qayıdıb gəldim.	Ich bin um elf Uhr zurückgekommen (zurückgekehrt und gekommen).

2. Das Konverb auf **-(y)ərək**

Dieses Konverb dient der Wiedergabe von Modalsätzen, die im Deutschen durch *indem, wobei, dadurch dass* eingeleitet oder auch durch ein adverbiales Partizip ausgedrückt werden:

e, ə, i	ö, ü	a, ı	o, u
verərək	görərək	yazaraq	olaraq
işləyərək	üşüyərək	başlayaraq	oxuyaraq

Uşaqlar gülərək otağa girdilər.	Die Kinder sind lachend ins Zimmer hereingekommen.
Danışaraq azərbaycancanı öyrənmişəm.	Ich habe Aserbaidschanisch gelernt, indem ich (es) gesprochen habe.
Müəllim bizə baxaraq danışmağa başladı.	Der Lehrer begann zu sprechen, wobei er zu uns schaute.

Eine häufig gebrauchte Form neben **olub** ist **olaraq** in der Bedeutung *(in der Eigenschaft) als*:

Atam müəllim olub işləyir.	Mein Vater ist Lehrer und arbeitet/ mein Vater ist als Lehrer tätig.
Atam müəllim olaraq işləyir.	Mein Vater arbeitet als Lehrer/ mein Vater ist als Lehrer tätig.

3. Das Konverb auf **-mədən**

Durch dieses Konverb werden Modalsätze zum Ausdruck gebracht, die im Deutschen mit *ohne zu* beginnen:

e, ə, i	ö, ü	a, ı	o, u
vermədən	görmədən	yazmadan	olmadan
işləmədən	üşümədən	başlamadan	oxumadan

Müəllim bizə baxmadan danışmağa başladı.	Der Lehrer begann zu sprechen, ohne zu uns zu schauen.

4. Das Konverb auf **-(y)ə**

Ähnlich dem Konverb auf **-(y)ərək** dient auch dieses Konverb der Wiedergabe von Modalsätzen mit *indem, wobei*. Meist tritt es in verdoppelter Form auf, so dass die Nebenhandlung intensiviert wird zu *wobei immerzu*:

e, ə, i	ö, ü	a, ı	o, u
verə	görə	yaza	ola
işləyə	üşüyə	başlaya	oxuya

Uşaqlar gülə-gülə otağa girdilər.	Die Kinder sind unter großem Gelächter ins Zimmer gekommen.
Danışa-danışa azərbaycancanı öyrənmişəm.	Ich habe Aserbaidschanisch gelernt, indem ich (es) immerzu gesprochen habe.
Müəllim bizə baxa-baxa danışmağa başladı.	Der Lehrer begann zu sprechen, wobei er immerzu zu uns schaute.

Durch die Verbindung des Konverbs auf **-(y)ə** mit dem Verb **bilmək** *wissen* entstehen die Formen des Possibilitivs bzw. bei Verneinung des Impossibilitivs, wobei damit ausgedrückt wird, dass man in einer konkreten Situation in der Lage bzw. nicht in der Lage ist, etwas zu tun.

Sabah bizə gələ bilərsənmi?	Kannst du morgen zu uns kommen?
Təəssüf ki, gələ bilmərəm.	Leider kann ich nicht kommen.

5. Die Form **deyə**

Eine besondere Funktion erfüllt die Konverbform **deyə** des Verbs **demək** *sagen*. Hierbei sind zwei grundlegende Dinge vorauszuschicken: Zum einen bevorzugt das Aserbaidschanische die Wiedergabe direkter Reden, zum anderen hat auf eine solche direkte Rede immer eine Form des Verbs **demək** zu folgen:

Qardaşın nə dedi?	Was hat dein Bruder gesagt?
„Mən indi gedirəm" dedi.	Er hat gesagt: „Ich gehe jetzt" = er hat gesagt, dass er jetzt geht.
Qardaşım xudahafiz demədən evdən çıxıb.	Mein Bruder ist aus dem Haus gegangen, ohne auf Wiedersehen zu sagen.

Soll auf das Zitat ein anderes Verb folgen, wird als Verbindung die Form **deyə** eingeschoben. Zitatzeichen, die den Überblick erleichtern, werden in den Texten oftmals nicht gesetzt. Die Form **deyə** ist der einzige Hinweis darauf, dass an dieser Stelle ein Zitat endet; der Beginn des Zitats muss aus dem Kontext erschlossen werden:

Mən Həsəndən sinamaya gedirsənmi deyə soruşanda, özü gedirəm deyə cavab verdi.	Als ich Hasan gefragt habe, ob er ins Kino geht, hat er geantwortet, dass er geht.
İndi mən də sinamaya gedimmi deyə düşünürəm.	Jetzt überlege ich, ob ich auch ins Kino gehen soll.
Lakin sinamaya getməyə vaxtım yox deyə qorxuram.	Aber ich fürchte, ich habe nicht die Zeit, ins Kino zu gehen.

Enthält das Zitat die Begründung für die anschließenden Handlung, handelt es sich um einen Kausalsatz:

| Qızım xəstədir deyə evdə qaldım. | Ich bin zu Hause geblieben, indem ich (mir) sagte: „Meine Tochter ist krank" = ich bin zu Hause geblieben, weil meine Tochter krank ist. |

Ist im Zitat eine Aufforderung enthalten, handelt es sich um einen Finalsatz. Die Aufforderung wird bei den 1. und 2. Personen durch den Optativ, bei den 3. Personen durch den Imperativ wiedergegeben:

Uşaqlar qorxmasınlar deyə evdə qaldım.	Ich bin zu Hause geblieben, damit die Kinder sich nicht fürchten.
Siz tanış olasınız deyə bacımı çağırdım.	Ich habe meine Schwester gerufen, damit ihr euch kennen lernt.
Soyuqlamayam deyə qalın geyindim.	Ich habe mich dick angezogen, damit ich mich nicht erkälte.

6. Das Konverb auf **-dikcə**

Dieses Konverb dient der Wiedergabe von Temporalsätzen, die im Deutschen mit *sooft, solange* beginnen, wie auch von Modalsätzen, die mit *in dem Maße wie, soweit, je ... desto* wiedergegeben werden:

Səni gördükcə sevinirəm.	Ich freue mich immer, wenn ich dich sehe.
Bakıya yaxınlaşdıqca həyəcanımız artırdı.	Je näher wir Baku kamen, desto größer wurde unsere Aufregung.
Dağlardan aşağı getdikcə hava isinir.	Je weiter man von den Bergen herunter geht, umso wärmer wird die Luft.
Ulduzları seyr etdikcə canım rahatlanar.	Je länger ich die Sterne betrachte, umso ruhiger wird meine Seele.
Hava o qədər təmizdir ki, hər addım atdıqca nəfəs almaq yüngülləşir.	Die Luft ist so sauber, dass bei jedem Schritt das Atmen leichter wird.

7. Das Konverb auf -kən

Dieses Konverb dient der Wiedergabe von Temporal- und Adversativsätzen, die im Deutschen mit *während, als* beginnen. Haupt- und Nebenhandlung verlaufen gleichberechtigt und unabhängig voneinander parallel.

Auf der Basis des **defekten Verbstamms i-** bildet es die Form **ikən**, die ihren Vokal **e** auch als Suffix beibehält:

Mən uşaqkən ulduzları seyr etməyi sevərdim.	Als ich ein Kind war, liebte ich es, die Sterne zu betrachten.
Biz Bakıdaykən dostlarımızla görüşdük.	Als wir in Baku waren, haben wir uns mit unseren Freunden getroffen.

Ist das Subjekt der Nebenhandlung ein anderes als das der Haupthandlung, wird es zusätzlich an den Satzanfang gestellt:

Dostum Bakıdaykən onunla görüşdüm.	Als mein Freund in Baku war, habe ich mich mit ihm getroffen.

Auch ist es möglich, die Konverbform zu verneinen:

Atamız evdə deyilkən biz televizordakı verilişlərə baxdıq.	Während unser Vater nicht zu Hause war, haben wir Sendungen im Fernsehen angesehen.

Die Formen des **Vollverbs** entstehen durch Anfügung von **ikən** an die einfachen Zeiten und Modi; in der heutigen Sprachpraxis geht jedoch vor allem das Präsens-Futur auf **-(y)ər/-məz** diese Verbindung ein:

e, ə, i	ö, ü	a, ı	o, u
verərkən	görərkən	yazarkən	olarkən
işləyərkən	üşüyərkən	başlayarkən	oxuyarkən

Şagirdlər salamlaşıb gülüşərkən müəllim qapıdan içəri girdi.	Während die Schüler sich begrüßten und miteinander lachten, ist der Lehrer zur Türe hereingekommen.

8. Das Konverb auf -(y)əli

Durch dieses Konverb werden Temporalsätze wiedergegeben, die im Deutschen durch *seit* eingeleitet werden; meist bildet eine Zeitangabe den Hauptsatz:

e, ə, i	ö, ü	a, ı	o, u
verəli	görəli	yazalı	olalı
işləyəli	üşüyəli	başlayalı	oxuyalı

Mən azəricə öyrənməyə başlayalı altı ay oldu.	Es sind sechs Monate, seit/dass ich angefangen habe, Aserbaidschanisch zu lernen.

XI. Konjunktionen

Die am häufigsten verwendeten Konjunktionen sind:

və *und*:

| Muzey saat onda açılır və saat on səkkizdə bağlanır. | Das Museum öffnet um zehn Uhr und schließt um achtzehn Uhr. |

Durch **ilə** *mit* (vgl. S. 31) wird eine stärkere Gemeinsamkeit als durch **və** zum Ausdruck gebracht:

| Bunlar atam ilə anam. | Dies sind mein Vater und meine Mutter. |

də *auch; und (bei Subjektwechsel)*:

| Necəsiniz? Sağ olun, yaxşıyam; siz necəsiniz? Sağ olun, mən də yaxşıyam. | Wie geht es Ihnen? Danke, gut; wie geht es Ihnen? Danke, mir geht es auch gut. |

| Dostum Azəridir, mən də Almanam. | Mein Freund ist Aserbaidschaner, und ich bin Deutscher. |

həm ... həm *einerseits ... andererseits, sowohl ... als auch*:

| Mən həm rusca bilirəm həm ingiliscə. | Ich kann sowohl Russisch als auch Englisch. |

ya, yoxsa *oder*:

| Yanında qələm varmı ya mən verim? | Hast du einen Stift bei dir, oder soll ich dir (einen) geben? |
| Sinamayamı gedək yoxsa televizoramı baxaq? | Sollen wir ins Kino gehen oder (andernfalls) fernsehen? |

ya ... ya da *entweder ... oder*:

| Ya uşaqlar gələcək, ya da mən onları görməyə gedədəyəm. | Entweder werden die Kinder kommen, oder ich werde gehen, um sie zu sehen. |

amma, lakin, fəqət, ancaq *aber, indessen, jedoch, nur*:

| Üç gündür buradayam, amma hənüz çox yerləri görməmişəm. | Es sind (jetzt) drei Tage, dass ich hier bin, aber ich habe noch nicht viele Orte gesehen. |
| Mən müəllimdən soruşmaq istəyirdim, ancaq/lakin utandım. | Ich wollte den Lehrer fragen, doch ich habe mich geschämt. |

nə ... nə də *weder ... noch*:
Da diese Konjunktion aus dem Persischen stammt, kann das Prädikat trotz Negation in seiner bejahten Form bleiben:

| Məndə nə kağız nə də qələm var. | Ich habe weder Papier noch einen Stift bei mir. |
| Nə gözlərimə inanırdım nə də qulaqlarıma. | Ich traute (wörtl.: glaubte) weder meinen Augen noch meinen Ohren. |

Das ebenfalls aus dem Persischen stammende Wort **əgər** *wenn* kann an den Beginn von Konditionalsätzen gestellt werden, um von Anfang an deutlich zu machen, dass ein Konditionalsatz folgt:

| Əgər gəlmək istəyirsən gəl! | Wenn du kommen willst, dann komm! |

Auch **çünkü** *denn* ist persischen und damit indogermanischen Ursprungs:

| Mən bugün evdə qaldım, çünkü qızım xəstədir. | Ich bin heute zu Hause geblieben, denn meine Tochter ist krank. |

XII. Die Partikel **ki**

Die Partikel **ki** ist persischen und damit indogermanischen Ursprungs und erfüllt verschiedene Funktionen, die zum größten Teil Eingang in die aserbaidschanische Sprache gefunden haben.

Bei der Wiedergabe von Aussagesätzen kann **ki** an die Stelle einer Konstruktion mit **deyə**, mit dem Konverb auf **-(y)əli** oder einem Verbalnomen treten, doch geht dabei der turksprachige Charakter des Aserbaidschanischen verloren:

ki anstelle von **deyə** (vgl. S. 88):

| Mən bacımı çağırdım ki, tanış olasınız. | Ich habe meine Schwester gerufen, damit ihr euch kennen lernt. |

ki anstelle des Konverbs auf **-(y)əli** (vgl. S. 90):

| Altı ay olar ki, mən azəricə öyrənməyə başlamışam. | Es sind sechs Monate, dass ich angefangen habe, Aserbaidschanisch zu lernen. |

ki anstelle des Infinitivs auf **-mək** (vgl. S. 72):

| Arzu edirəm ki, tezliklə sağalasınız. | Ich wünsche (Ihnen), dass Sie schnell (wieder) gesund werden. |

ki anstelle von **-dik** als Verbalsubstantiv (vgl. S. 73):

| Çatdırın ki, mən zəng etmişəm! | Richten Sie aus, dass ich angerufen habe! |

ki anstelle von **-dik** als Partizip (vgl. S. 75):

| O qonşu ki, sən onun oğlunu dəvət etmişsən kimdir? | Wer ist der Nachbar, dessen Sohn du eingeladen hast? |

ki anstelle des Partizips auf **-(y)ən** (vgl. S. 78):

| O qonşu ki, bizi dəvət edir kimdir? | Wer ist der Nachbar, der uns einlädt? |
| O qonşu ki, onun oğlu bizi dəvət edir kimdir? | Wer ist der Nachbar, dessen Sohn uns einlädt? |

Die Partikel **ki** dient auch als Entsprechung der Konjunktionen *da* oder *als* in Temporalsätzen:

| Mən evdən çıxmamışdım ki, yağış başladı. | Ich war (noch) nicht aus dem Haus gegangen, da fing der Regen an/ als der Regen (auch schon) anfing. |

Des Weiteren entspricht **ki** der Konjunktion *dass* in Konsekutivsätzen:

| Həkim gələndə o qədər qorxdum ki, qaçıb özümü itin yuvasına soxdum. | Als der Arzt kam, hatte ich solche Angst, dass ich flüchtete und mich in die Hundehütte verkroch. |

Bleibt der Nachsatz unausgesprochen, wird **ki** zu einer Art Verstärkungspartikel im Sinne des deutschen *ja*, *doch*:

| Həkim gələndə o qədər qorxdum ki! | Ich hatte ja solche Angst, als der Arzt kam! |

Schließlich ist **ki** Bestandteil von **çünkü** *denn*, **kaş ki** *wenn doch nur*, **odur ki** *(das ist der Grund, weshalb) deshalb*, **sanki**, **elə bil ki** *es ist/war, als ob*:

| Bazar çox şuluqdu, odurki yubandım. | Der Markt war sehr überfüllt, deshalb habe ich mich verspätet. |
| Anam gülümsəyirdi/ anam sanki gülümsəyirdi. | Meine Mutter lächelte/ es war, als ob meine Mutter lächelte. |

XIII. Wortbildung

Das Aserbaidschanische besitzt eine große Anzahl von Suffixen zur Bildung von Substantiven, Adjektiven und Verbstämmen auf der Basis bereits existierender Substantive, Adjektive und Verbstämme. Dabei kann es vielfach zu Suffixhäufungen kommen, denn gerade im Bereich der Wortbildung zeigt sich die Vorliebe für den geradezu spielerischen Umgang mit Suffixen, der alle Turksprachen auszeichnet. Alle Wortbildungselemente im Einzelnen aufzuführen, würde den Rahmen des vorliegenden Buches sprengen. Es soll daher nur eine repräsentative Auswahl vorgestellt werden.

1. Substantive auf **-xana**

Dieses Suffix ist ursprünglich ein aus dem Persischen stammendes selbständiges Wort für *Haus*, *Herberge*. Im Aserbaidschanischen dient es als Suffix zur Bezeichnung bestimmter Räumlichkeiten oder Gebäude:

çay	Tee	çayxana	Teehaus
kitab	Buch	kitabxana	Bibliothek
xəstə	krank	xəstəxana	Krankenhaus
mehman	Gast	mehmanxana	Gästehaus, Hotel
təmir	Reparatur	təmirxana	Werkstatt

2. Substantive auf **-çə** und **-cik**

Die Suffixe **-çə** und **-cik** werden an Substantive angefügt und bilden Diminutive:

dəftər	Heft	dəftərçə	Heftchen
kitab	Buch	kitabça	Büchlein
ev	Haus	evcik	Häuschen
kəlmə	Wort	kəlməcik	Wörtchen
şəhər	Stadt	şəhərcik	Städtchen

3. Substantive auf -çi

Das Suffix **-çi** wird an Substantive angefügt; das so entstehende Wort bezeichnet eine Person, die sich berufs- oder gewohnheitsmäßig mit dem durch das Substantiv bezeichneten Begriff beschäftigt:

kilim	(Web)teppich	kilimçi	Teppichweber
balıq	Fisch	balıqçı	Fischer
kitab	Buch	kitabçı	Buchhändler
gümüş	Silber	gümüşçü	Silberschmied

An Verbstämme angefügt lautet das entsprechende Suffix **-(i)ci**:

almaq	kaufen	alıcı	Käufer
satmaq	verkaufen	satıcı	Verkäufer
yazmaq	schreiben	yazıcı	Schreiber, Sekretär
oxumaq	lesen	oxucu	Leser

4. Substantive auf -iş

Das Suffix **-iş** wird an Verbstämme angefügt und bildet Substantive:

girmək	hineingehen	giriş	Eintritt
çıxmaq	hinausgehen	çıxış	Ausgang, Aufgang
gülmək	lachen	gülüş	Gelächter
uçmaq	fliegen	uçuş	Flug

5. Substantive und Adjektive auf -lik

Mit Hilfe des Suffixes **-lik** werden in erster Linie Abstrakta gebildet, die im Deutschen mehrheitlich auf *-heit, -keit, -schaft* oder *-tum* enden:

gözəl	schön	gözəllik	Schönheit
xəstə	krank	xəstəlik	Krankheit
sağ	gesund	sağlıq	Gesundheit
dost	Freund	dostluq	Freundschaft

düşüncəsiz	gedankenlos	düşüncəsizlik	Gedankenlosigkeit
gücsüz	kraftlos, schwach	gücsüzlük	Kraftlosigkeit
ağılsız	dumm	ağılsızlıq	Dummheit
yuxusuz	schlaflos	yuxusuzluq	Schlaflosigkeit

Durch Anfügung an Berufsbezeichnungen werden die Ausübung des betreffenden Berufs wie auch die zugehörige Dienststelle bezeichnet:

| kilimçi | Teppichweber | kilimçilik | Teppichweberei |
| balıqçı | Fischer | balıqçılıq | Fischerei |

Des Weiteren bildet es Adjektive, die in stärkerem Maße als diejenigen auf **-li** (vgl. S. 97) die Zugehörigkeit zu dem jeweiligen Begriff ausdrücken:

| yarım saatlıq yol | ein halbstündiger Weg |
| iki nəfərlik otaq | ein Zimmer für zwei Personen |

Sehr vereinzelt dient es zur Bildung von konkreten Begriffen:

| dərs | Unterricht | dərslik | Lehrbuch, Schulbuch |
| söz | Wort | sözlük | Wörterbuch |

6. Adjektive auf **-li**

Mit Hilfe des Suffixes **-li** werden aus Substantiven Adjektive gebildet:

düşüncə	Gedanke	düşüncəli	nachdenklich
güc	Kraft	güclü	stark, kräftig
ağıl	Verstand	ağıllı	verständig, klug
yuxu	Schlaf	yuxulu	schläfrig

Fügt man das Suffix an Ortsnamen, bringt man die Abstammung von bzw. die Verbundenheit mit diesem Ort zum Ausdruck:

| Berlin | Berlin | berlinli | aus Berlin stammend |
| Bakı | Baku | bakılı | aus Baku stammend |

7. Adjektive auf -siz

Dieses Suffix ist die negative Entsprechung des Suffixes **-li**. Es entspricht sowohl der deutschen Präposition *ohne* wie auch der Anfangssilbe *un-* und der Endung *-los*:

düşüncə	Gedanke	düşüncəsiz	gedankenlos
güc	Kraft	gücsüz	kraftlos, schwach
ağıl	Verstand	ağılsız	unverständig, dumm
yuxu	Schlaf	yuxusuz	schlaflos

8. Das Zugehörigkeitssuffix -ki

Zwar folgt das Suffix **-ki** der Vokalharmonie, dennoch bleibt sein Konsonant **k** auch nach dunklen Vokalen erhalten. An den Lokativ angefügt entstehen Adjektive, die das Vorhandensein an einem Ort zum Ausdruck bringen:

| Kitabxanamızdakı kitablar çox qiymətlidir. | Die Bücher in unserer Bibliothek sind sehr wertvoll. |
| Bu sinifdəki şagirdlərin yarısından çoğu ingiliscə bilir. | Mehr als die Hälfte der Schüler in dieser Klasse kann Englisch. |

Fügt man **-ki** an den Genitiv an, entstehen substantivierte Possessive. Bei der Deklination erhalten die Formen das **pronominale n:**

| Sənin otağın qardaşımınkından böyükdür. | Dein Zimmer ist größer als dasjenige meines Bruders. |
| Sənin velosipedin xarab olsa mənimkini al! | Falls dein Fahrrad defekt ist, nimm meines! |

Des Weiteren tritt das Suffix an Substantive und Adverbien mit überwiegend zeitlicher Bedeutung an und bildet aus ihnen Adjektive:

dünən	gestern	dünənki	gestrig
bugün	heute	bugünkü	heutig
sabah	morgen	sabahkı	morgig

9. Das Äquativsuffix -cə

Dieses Suffix entspricht den deutschen Präpositionen *(nach Art) wie, (so viel) wie, gemäß, entsprechend*. Es dient zum Ausdruck der Qualität einer Person, Sache oder Handlung, der Wiedergabe einer geschätzten Menge wie auch zur Bildung von Adverbien mit etwas eingeschränkter Bedeutung:

Məncə bu kitab maraqlıdır.	Nach meiner Ansicht ist dieses Buch interessant.
Eşitdiyimcə qonaqlarınız dünən gəlmişdir.	Soweit ich gehört habe, sind eure Gäste gestern gekommen.
Bayrama yüzlərcə insan gəlmişdir.	Zum Fest sind hunderte/ungefähr hundert Leute gekommen.
Uşağın sinəsi astaca qalxıb-endi.	Der Brustkorb des Kindes hob und senkte sich ganz langsam.

Fügt man das Äquativsuffix an Nationalitätsbezeichnungen, entstehen die entsprechenden Sprachbezeichnungen:

Azəri	Aserbaidschaner	azəricə	auf Aserbaidschanisch
Türk	Türke	türkcə	auf Türkisch
Alman	Deutscher	almanca	auf Deutsch
Rus	Russe	rusca	auf Russisch

10. Verbstämme auf -lə

Durch Anfügung des Suffixes **-lə** an Substantive und Adjektive entstehen Verbstämme:

baş	Kopf, Anfang	başlamaq	anfangen, beginnen
göz	Auge	gözləmək	warten, erwarten
hazır	bereit, gerichtet	hazırlamaq	richten, bereiten
iş	Arbeit	işləmək	arbeiten
salam	Gruß	salamlamaq	grüßen
təmiz	sauber, rein	təmizləmək	säubern, reinigen

11. Reflexive Verbstämme

Das Suffix zur Bildung reflexiv erweiterter Verbstämme lautet **-(i)n**:

geymək	anziehen	geyinmək	sich anziehen
görmək	sehen	görünmək	erscheinen
soymaq	lösen, ausziehen	soyunmaq	sich ausziehen
yumaq	waschen	yuyunmaq	sich waschen

Zu dieser Gruppe zählen auch Verben mit der reflexiven Form von **-lə**:

ev	Haus	evlənmək	sich verheiraten (m.)
güc	Kraft	güclənmək	zu Kräften kommen
xəstə	krank	xəstələnmək	erkranken
maraq	Interesse	maraqlanmaq	sich interessieren

12. Reziproke Verbstämme

Das Suffix zur Bildung reziproker Verbstämme lautet **-(i)ş**:

görmək	sehen	görüşmək	sich sehen
tanımaq	kennen	tanışmaq	sich kennen
yazmaq	schreiben	yazışmaq	sich schreiben
salamlamaq	grüßen	salamlaşmaq	sich begrüßen

Hierzu zählen auch Verben mit der reziproken Form von **-lə**, von denen jedoch ein Teil nicht reziproke Bedeutung hat, sondern eine Entwicklung zum Ausdruck bringt:

dost	Freund	dostlaşmaq	sich anfreunden
xudahafiz	auf Wiedersehen	xudahafizləşmək	sich verabschieden
gözəl	schön	gözəlləşmək	schöner werden
yaxşı	gut	yaxşılaşmaq	besser werden

Das Suffix dient auch zur Bildung von Verben mit kooperativer Bedeutung:

gülmək	lachen	gülüşmək	miteinander lachen
oynamaq	spielen	oynaşmaq	miteinander spielen

13. Kausative Verbstämme

Das Aserbaidschanische kennt mehrere Kausativsuffixe; es lassen sich nur annäherungsweise Regeln dafür aufstellen, welches Suffix an einen bestimmten Verbstamm anzuschließen ist.

Das Kausativsuffix **-t** oder **-tdir** folgt auf mehrsilbige Verbstämme, die auf Vokal oder die Konsonanten **-l** oder **-r** enden:

qaynamaq	sieden, kochen	qaynatmaq	zum Kochen bringen
oxumaq	lesen, studieren	oxutmaq	studieren lassen
düzəlmək	in Ordnung kommen	düzəltmək	in Ordnung bringen
çağırmaq	rufen, einladen	çağırtmaq	rufen lassen

Demgegenüber folgt das Suffix **-dir** auf einsilbige sowie auf diejenigen konsonantisch auslautenden mehrsilbigen Verbstämme, die nicht auf **-l** oder **-r** enden:

bilmək	wissen	bildirmək	wissen lassen
gülmək	lachen	güldürmək	zum Lachen bringen
sönmək	erlöschen	söndürmək	auslöschen
maraqlanmaq	sich interessieren	maraqlandırmaq	interessieren

Einsilbige Verbstämme auf **-ç, -ş** und **-t** erhalten als Kausativsuffix lediglich **-ir** oder **-irt**:

geçmək	vorbeigehen	geçirmək	verbringen (Zeit)
uçmaq	fliegen	uçurmaq	fliegen lassen
düşmək	fallen	düşürmək	fallen lassen
pişmək	kochen (intr.)	pişirmək	kochen (trans.)
yatmaq	liegen, sich legen	yatırmaq	sich legen lassen

Bei einigen wenigen einsilbigen Verbstämmen erhält das Suffix darüber hinaus den Vokal **-a**:

çıxmaq	herausgehen	çıxarmaq	herausnehmen
qayıtmaq	zurückkehren	qaytarmaq	zurückgeben
qopmaq	reißen	qoparmaq	abreißen, pflücken

14. Das Passiv

Für die meisten Verben lautet das Passivsuffix **-il**:

vermək	geben	verilmək	gegeben werden
görmək	sehen	görülmək	gesehen werden
satmaq	verkaufen	satılmaq	verkauft werden
pozmaq	zerstören	pozulmaq	zerstört werden

Endet der Verbstamm auf **-l**, lautet das Passivsuffix **-in**:

bilmək	wissen	bilinmək	gewusst werden
bölmək	teilen	bölünmək	geteilt werden
almaq	nehmen, kaufen	alınmaq	gekauft werden
yolmaq	ausreißen	yolunmaq	ausgerissen werden

Mehrsilbige Verbstämme auf Vokal erhalten als Passivsuffix ein **-n**:

işləmək	arbeiten	işlənmək	gearbeitet werden
başlamaq	anfangen, beginnen	başlanmaq	begonnen werden
təmizləmək	säubern, reinigen	təmizlənmək	gesäubert werden
oxumaq	lesen, studieren	oxunmaq	gelesen werden

Die Verben **demək** *sagen*, **yemək** *essen* und **yumaq** *waschen* erhalten den Bindekonsonanten **y**:

demək	sagen	deyilmək	gesagt werden
yemək	essen	yeyilmək	gegessen werden
yumaq	waschen	yuyulmaq	gewaschen werden

Die deutsche Präposition *durch, von* wird durch das Substantiv **tərəf** *Seite*, ergänzt um das Possessiv- und Ablativsuffix, wiedergegeben, dabei muss in der 3. Person das vorausgehende Substantiv nicht zwingend im Genitiv stehen:

Bu məktubun Əli tərəfindən yazılmış olduğu şübhəsizdir.	Es steht außer Zweifel, dass dieser Brief von Ali geschrieben wurde.

IV. Wortfolge

In Sätzen mit **var** *vorhanden* und **yox** *nicht vorhanden* als Prädikatsnomina wird berichtet, dass es etwas gibt bzw. nicht gibt. Entsprechend werden vor der Nennung des Subjekts der zeitliche und räumliche Rahmen angegeben. Dies gilt auch in denjenigen Fällen, in denen **var** und **yox** durch Formen von **olmaq** ersetzt werden. Das Prädikat steht im Aserbaidschanischen am Satzende:

| Dünən axşam televiyorda maraqlı bir film vardı. | Gestern Abend gab es im Fernsehen einen interessanten Film. |

In allen übrigen Sätzen steht das Subjekt des Satzes, sofern es sich um eine 3. Person handelt, am Satzanfang; erst danach folgen Zeit- und Ortsangabe, Objekte und Prädikat:

| Qardaşım dünən axşam evdə qızına bir nağıl oxudu. | Mein Bruder hat gestern Abend zu Hause seiner Tochter eine Geschichte vorgelesen. |

Attribute stehen dabei stets vor dem dazugehörigen Substantiv und bleiben undekliniert:

| Böyük qardaşım dünən axşam evdə balaca qızına maraqlı bir nağıl oxudu. | Mein älterer Bruder hat gestern Abend zu Hause seiner kleinen Tochter eine spannende Geschichte vorgelesen. |

Ist das Subjekt eine 1. oder 2. Person, ist sie Teil des Prädikats und steht damit am Ende des gesamten Satzes:

| Dünən axşam balaca qızıma maraqlı bir nağıl oxudum. | Ich habe gestern Abend meiner kleinen Tochter eine spannende Geschichte vorgelesen. |

Ein wesentliches Charakteristikum des Aserbaidschanischen ist die Tatsache, dass es – abgesehen von Konditionalsätzen – keine Nebensätze bildet. Zum einen verwendet es Partizipien, die attributiv vor ein Substantiv gestellt werden (vgl. Kap. IX); zum anderen drückt es Nebenhandlungen durch Konverbien aus (vgl. Kap. X):

Bakıda yaşayan qardaşım dünən axşam evə qayıdandan sonra hənüz məktəbə getmədiyi üçün yazıb oxuya bilməyən qızına özünün yazmış olduğu bir nağıl oxudu.	Mein Bruder, der in Baku lebt, hat gestern Abend, nachdem er nach Hause zurückgekehrt war, seiner Tochter, die nicht schreiben und lesen kann, weil sie noch nicht zur Schule geht, eine Geschichte vorgelesen, die er selbst geschrieben hatte.

Derjenige Teil, der im Deutschen dem Hauptsatz entspricht, steht im Aserbaidschanischen am Ende des Satzes. Bei der Übersetzung ins Deutsche empfiehlt es sich daher, zuerst den Satzteil nach einem Partizip oder Konverb als Hauptsatz zu übersetzen und anschließend den davor liegenden Teil einschließlich dem Partizip bzw. Konverb durch einen Nebensatz aufzulösen:

Bizi yeməyə dəvət edən / qonşu kimdir?	Wer ist der Nachbar, der uns zum Essen einlädt?
Bizi yeməyə dəvət edən / qonşunun adı nədir?	Wie heißt der Nachbar, der uns zum Essen einlädt?

Yeməyə dəvət etdiyin / qonşu kimdir?	Wer ist der Nachbar, den du zum Essen eingeladen hast?
Yeməyə dəvət etdiyin / qonşunun adı nədir?	Wie heißt der Nachbar, den du zum Essen eingeladen hast?

Danışaraq / azərbaycancanı öyrənmişəm.	Ich habe Aserbaidschanisch gelernt, indem ich (es) gesprochen habe.
Şagirdlər salamlaşıb gülüşərkən / müəllim qapıdan içəri girdi.	Während die Schüler sich begrüßten und miteinander lachten, ist der Lehrer zur Türe hereingekommen.

Anhang

Übersichten über die aserbaidschanischen Suffixe

Suffixe, die der kleinen Vokalharmonie folgen (vgl. S. 3):	
-(y)ə	Dativ (S. 7)
-(y)ə	Themasuffix Optativ (S. 61)
-(y)ə	Konverb (S. 86)
-(y)əcək	Verbalnomen und Themasuffix Futur (S. 49, 81)
-(y)ək	Imperativ und Optativ 1. Person Plural (S. 60, 61)
-(y)əli	Konverb (S. 90)
-(y)əm	Präsentische Personalendung 1. Person Singular (S. 36)
-(y)ən	Verbalnomen (S. 76 ff.)
-(y)ər	Verbalnomen und Themasuffix Präsens-Futur (S. 47, 78)
-(y)ərək	Konverb (S. 85)
-(y)əsi	Verbalnomen und Themasuffix Intentional (S. 58, 83)
-çə	Diminutiv (S. 95)
-cə(n)	Äquativ (S. 99)
-də	Lokativ (S. 8)
-dən	Ablativ (S. 9)
-lə	Verbbildung (S. 99)
-lər	Plural (S. 6)
-mə	Negation Vollverb (S. 43)
-mədən	Konverb (S. 86)
-mək	Verbalnomen (S. 43, 70)
-məkdə	Themasuffix Verlaufspräsens (S. 46)
-məli	Verbalnomen und Themasuffix Nezessitativ (S. 56, 83)
-məz	negiertes Verbalnomen und Themasuffix Präsens-Futur (S. 47)
-sə	Konditionale Personalendung 3. Person (S. 65)
-sək	Konditionale Personalendung 1. Person Plural (S. 65)
-sələr	Konditionale Personalendung 3. Person (S. 65)
-səm	Konditionale Personalendung 1. Person Singular (S. 65)
-sən	Konditionale Personalendung 2. Person Singular (S. 65)
-sən	Präsentische Personalendung 2. Person Singular (S. 36)
-səniz	Konditionale Personalendung 2. Person Plural (S. 65)

Anhang

Suffixe, die der großen Vokalharmonie folgen (vgl. S. 3):	
-(i)m	Possessiv 1. Person Singular (S. 10)
-(i)miz	Possessiv 1. Person Plural (S. 10)
-(i)mtil	Abschwächung Adjektiv (S. 17)
-(i)n	Possessiv 2. Person Singular (S. 10)
-(i)n	Passiv und Reflexiv (S. 100, 102)
-(i)nci	Ordinalzahlen (S. 28)
-(i)niz	Possessiv 2. Person Plural (S. 10)
-(i)ş	Reziprok und Kollektiv (S. 100)
-(n)i	Akkusativ (S. 8)
-(n)in	Genitiv (S. 6)
-(s)i	Possessiv 3. Person Singular (S. 12)
-(y)ib	Konverb und Themasuffix unbestimmtes Perfekt (S. 55, 84)
-(y)ik	Präsentische Personalendung 1. Person Plural (S. 36)
-(y)im	Imperativ 1. Person Singular (S. 60)
-(y)in	Imperativ 2. Person Plural (S. 59)
-(y)ir	Themasuffix Präsens (S. 44)
-çi	Substantivbildung (S. 96)
-cik	Diminutiv (S. 95)
-di	Perfektische Personalendung 3. Person Singular (S. 51)
-dik	Perfektische Personalendung 1. Person Plural (S. 51)
-dik	Verbalnomen (S. 73 ff.)
-dikə	Konverb (S. 88)
-dim	Perfektische Personalendung 1. Person Singular (S. 51)
-din	Perfektische Personalendung 2. Person Singular (S. 51)
-diniz	Perfektische Personalendung 2. Person Plural (S. 51)
-dir	Kausativ (S. 101)
-dir	Präsentische Personalendung 3. Person Singular (S. 36)
-il	Passiv (S. 102)
-ir	Kausativ (S. 101)
-iş	Substantivbildung (S. 96)
-ki	Zugehörigkeitssuffix (S. 98)
-li	Adjektivbildung (S. 97)
-lik	Substantiv- und Adjektivbildung (S. 96)
-mi	Fragepartikel (S. 24)
-miş	Verbalnomen und Themasuffix Perfekt (S. 53, 79)
-sin	Imperativ 3. Person (S. 59)
-siniz	Präsentische Personalendung 2. Person Plural (S. 36)
-siz	Adjektivbildung (S. 98)

Übersicht über die aserbaidschanischen Verbformen

Finite Verbformen

	Vollverb	Hilfsverb sein	var
Präsens	verir	-(y)əm etc.	var
Verlaufspräsens	verməkdə	olmaqda	
Präsens-Futur	verər	olar	olar
Futur	verəcək	olacaq	olacaq
Futur II	vermiş olacaq	olmuş olacaq	olmuş olacaq
Perfekt	verdi	idi	vardı
unbestimmtes Perfekt	vermiş/verib	imiş/olub	varmış/olub
Plusquamperfekt	vermişdi	imişdi	varmışdı
Nezessitative	verməli/verəsi	olmalı/olası	olmalı/olası
Imperativ 2. Pers. Sg.	ver	ol	
Imperativ 2. Pers. Pl.	verin	olun	
Imperativ 3. Personen	versin	olsun	olsun
Optativ	verə	ola	ola
Possibilitiv	verə bilər	ola bilər	ola bilər

Konditionale Verbformen

	Vollverb	Hilfsverb sein	var
potentialer Konditional	versə	olsa	olsa
	vermiş olsa	olmuş olsa	olmuş olsa
	verəcək olsa	olacaq olsa	olacaq olsa
realer Konditional	verirsə	ise	varsa
	verərsə	olursa	olursa
	verdiysə	idiysə	vardıysa
	vermiş olarsa	olmuş olarsa	olmuş olarsa
	verəcək olarsa	olacaq olarsa	olacaq olarsa
irrealer Konditional	versəydi	olsaydı	olsaydı
	vermiş olsaydı	olmuş olsaydı	olmuş olsaydı
	verəcək olsaydı	olacaq olsaydı	olacaq olsaydı

Konverbien und konverbähnliche Bildungen

	Vollverb	Hilfsverb sein	var
-(y)ə	verə	ola	ola
-(y)əli	verəli	olalı	olalı
-(y)ən kimi	verən kimi	olan kimi	olan kimi
-(y)əndə	verəndə	olanda	olanda
-(y)əndən sonra	verəndən sonra	olandan sonra	olandan sonra
-(y)ənə qədər	verənə qədər	olana qədər	olana qədər
-(y)ər -mez	verər verməz	olar olmaz	olar olmaz
-(y)ərək	verərək	olaraq	olaraq
-(y)ib	verib	olub	olub
-dikcə	verdikcə	olduqca	olduqca
-kən	verərkən	ikən	varkən
-mədən	vermədən	olmadan	olmadan
-miş	vermiş	olmuş	olmuş

Verbalnomina (Infinitive und Partizipien)

	Vollverb	Hilfsverb sein	var
-mək	vermək	olmaq	olmaq
-dik	verdiği	olduğu	olduğu
-(y)əcək	verəcəği	olacağı	olacağı
Partizip Präsens	verən	olan	olan
Partizip Perfekt	vermiş (olan)	olmuş (olan)	olmuş (olan)
Partizip Futur	verəcək (olan)	olacaq (olan)	olacaq (olan)

Die aserbaidschanischen Entsprechungen deutscher Nebensätze

als (temporal)	ikən (S. 89), -diyi vaxt (S. 75), -(y)əndə (S. 76)
als ob (modal)	sanki, elə bil ki (S. 94), -miş kimi (S. 79)
bevor (temporal)	-məmiş (S. 80), -məmişdən əvvəl (S. 80)
bis (temporal)	-(y)ənə qədər (S. 77)
dadurch, dass (modal)	-(y)ərək (S. 85), -(y)ə -(y)ə (S. 86)
damit, dass (final)	deyə (S. 87), -məsi üçün (S. 72)
dass-Sätze	-məsi (S. 72), -diyi (S. 73), -(y)əcəyi (S. 81)
ehe nicht (temporal)	-məmiş (S. 80)
indem (modal)	-(y)ərək (S. 85), -(y)ə -(y)ə (S. 86)
indirekte Fragesätze	-diyi (S. 74), -(y)əcəyi (S. 81)
Infinitiv mit *zu*	-mək (S. 70)
immer wenn (temporal)	-dikcə (S. 88)
je ... desto (modal)	-dikcə (S. 88)
nachdem (temporal)	-(y)əndən sonra (S. 77)
ob	- (y)ib -mədiyi (S. 74), deyə (S. 87)
obwohl (konzessiv)	-diyi halda (S. 75)
ohne zu (modal)	-mədən (S. 86), -məmiş (S. 80)
Relativsätze	-(y)ən (S. 78), -diyi (S. 75), -(y)əcəyi (S. 82)
seitdem (temporal)	-(y)əli (S. 90), -(y)əndən bəri (S. 77)
sobald (temporal)	-(y)ən kimi (S. 76), -(y)ər -məz (S. 48)
sooft (temporal)	-dikcə (S. 88)
soweit (modal)	-dikcə (S. 88), -diyinə görə (S. 74)
sowie (temporal)	-(y)ən kimi (S. 76), -(y)ər -məz (S. 48)
statt dass, statt zu	-(y)əcəyi yerdə, -(y)əcəyinə (S. 81)
um zu (final)	-mək üçün (S. 71)
während (temporal)	ikən (89), -(y)əndə (S. 76)
weil (kausal)	-diyindən, -diyi üçün (S. 74), deyə (S. 87)
wenn (temporal)	-(y)əndə (S. 76)
wenn (konditional)	-sə (S. 65 ff.)
wenn auch (konzessiv)	-sə də (S. 67)
wie (modal)	-diyi kimi (S. 74)
wobei (modal)	-(y)ərək (S. 85), -(y)ə -(y)ə (S. 86)

Alphabetisches Vokabelverzeichnis

Zum leichteren Auffinden der Wörter sind die Buchstaben in der in Westeuropa üblichen Reihenfolge angeordnet.

ac	hungrig	anlatmaq	erzählen
acı	scharf	aparmaq	hinbringen
açıq	offen	aprel	April
açmaq	öffnen	ara	Zwischenraum
ad	Vorname	ard	Rückseite
adam	Mensch, Mann	artıq	mehr, länger (als)
addım	Schritt	artmaq	mehr werden
aeroport	Flughafen	arzu	Wunsch
ağ	weiß	arzu etmək	wünschen
ağac	Baum	aş	Speise
ağıl	Verstand	aşağıda	unten
ağıllı	verständig, klug	asan	leicht, einfach
ağılsız	dumm	ata	Vater
ağılsızlıq	Dummheit	atmaq	werfen
ağız (ağzı)	Mund	avqust	August
ağlamaq	weinen	avtobus	Bus
ağrı	Schmerz	axırıncı	letzter
ailə	Familie	axmaq	fließen
alıcı	Käufer	axşam	Abend
alın (alnı)	Stirne	axtarmaq	suchen
alma	Apfel	ay	Mond, Monat
alman	Deutscher	ayılmaq	zu sich kommen
almanca	auf Deutsch	az	wenig, selten
almaq	nehmen, kaufen, bekommen	azəri	Aserbaidschaner
		azəricə	aserbaidschanisch
alt	Unterseite	bacarmaq	fähig sein, können
altı	sechs	bacı	Schwester
altmış	sechzig	bağça	Garten
amma	aber	bağırmaq	schreien
ana	Mutter	bağışlamaq	verzeihen
anadan olmaq	geboren werden	bağlamaq	verbinden, schließen
ancaq	indessen, jedoch		
anlaşmaq	sich verständigen	baha	teuer

Bakı	Baku	boyun (boynu)	Hals
balaca	klein	bölmək	teilen
balıq	Fisch	böyük	groß
balıqçı	Fischer	bu	dieser
balıqçılıq	Fischerei	bugün	heute
baş	Kopf, Anfang	bugünkü	heutig
başa düşmək	verstehen	bura	dieser Bereich
başlamaq	beginnen	burada	hier
başqa	anderer	buraxmaq	sein lassen
batmaq	untergehen	burun (burnu)	Nase
baxmaq	schauen	bütün	ganz
baxmayaraq	ungeachtet, trotz	cavab	Antwort
baxşiş	Trinkgeld	cəsarət	Mut
bayram	Fest	cümə	Freitag
bazar	Markt	cümə axşamı	Donnerstag
bazar (günü)	Sonntag	çağırmaq	rufen, einladen
bazar ertəsi	Montag	çağırtmaq	rufen lassen
belə	so, auf diese Art	çalışmaq	sich bemühen, arbeiten
beş	fünf		
bəli	ja	çalışqan	fleißig
bəlkə	vielleicht	çamadan	Koffer
bəri	seit	can	Seele, Leben
bərk	fest, hart	çatdırmaq	übermitteln
bəyənmək	mögen, gefallen	çatmaq	gelangen
bəzən	manchmal	çay	Tee
bildirmək	mitteilen	çayxana	Teehaus
bilet	Eintrittskarte	çəkilmək	sich zurückziehen
bilmək	wissen, können	çəkinmək	sich genieren
bir	eins	çəkmək	ziehen
bir şey	etwas, nichts	çərşənbə	Mittwoch
bir yerdə	irgendwo	çərşənbə axşamı	Dienstag
bir-bir	einander	çətin	schwierig
birisi gün	übermorgen	çıxarmaq	herausnehmen
birlikdə	gemeinsam	çıxış	Ausgang, Aufgang
biz	wir	çıxmaq	hinausgehen, hinaufgehen
boş-boş	tatenlos, unnütz		
boşuna	umsonst	çox	viel, sehr

çox vaxt	oft	doqquz	neun
çoxlu	meistens	dost	Freund
çörək	Brot	dostlaşmaq	sich anfreunden
çünkü	denn	dostluq	Freundschaft
dağ	Berg	doxsan	neunzig
daha	noch, noch mehr	dörd	vier
danışmaq	sprechen	düm	völlig, ganz
darvaza	Tor	dünən	gestern
daş	Stein	dünənki	gestrig
daşımaq	tragen	dünya	Welt
davam	Fortsetzung	düşmək	fallen
davam etdirmək	fortsetzen	düşüncə	Gedanke
davam etmək	fortfahren	düşüncəli	nachdenklich
dayanacaq	Haltestelle	düşüncəsiz	gedankenlos
dayanmaq	stehen bleiben	düşüncəsizlik	Gedankenlosigkeit
dekabr	Dezember	düşünmək	denken
də	auch, und	düşürmək	fallen lassen
dəfə	Mal	düz	gerade, eben
dəftər	Heft	düzəlmək	in Ordnung kommen
dəftərçə	Heftchen		
dəmək	sagen	düzəltmək	ordnen
dəniz	Meer	elə	so, auf solche Art
dəqiqə	Minute	enmək	aussteigen, absteigen, landen
dərhal	sofort		
dərman	Heilmittel	eşik	Äußeres
dərs	Unterricht	eşikdə	draußen
dərslik	Lehrbuch	eşitmək	hören
dəvət	Einladung	etmək	machen, tun
dəvət etmək	einladen	ev	Haus
dəymək	lohnen, wert sein	evcik	Häuschen
dışarıda	draußen	evlənmək (m.)	sich verheiraten
digər	andere, übrige	əfsus ki	leider
diqqət etmək	darauf achten	əgər	wenn
direktor	Direktor	əkmək	säen, pflanzen
doğru	in Richtung	əl	Hand
dolab	Schrank	əlbəttə	sicherlich
dolayı	wegen, infolge	əlli	fünfzig

ən	am meisten	göy	blau
ər	Ehemann	göz	Auge
əvvəl	zuerst, vorher	gözəl	schön
əvvəlinci	erster	gözəlləşmək	schöner werden
əziyyət çəkmək	sich Umstände machen	gözəllik	Schönheit
		gözləmək	warten, erwarten
faiz	Prozent	gözüm üstə	gerne
faydalı	nützlich	güc	Kraft
fevral	Februar	güclənmək	erstarken
fəsil (fəsli)	Jahreszeit	güclü	stark, kräftig
fikir (fikri)	Gedanke	gücsüz	kraftlos, schwach
film	Film	gücsüzlük	Kraftlosigkeit
garson	Kellner	güldürmək	zum Lachen bringen
gecə	Nacht		
gecəyarısı	Mitternacht	gülmək	lachen
gecikmək	sich verspäten	gülümsəmək	lächeln
geçirmək	verbringen (Zeit)	gülüş	Gelächter
geçmək	hinübergehen, vorbeigehen	gülüşmək	miteinander lachen
		gümüş	Silber
geridə	rückwärts	gümüşçü	Silberschmied
getmək	gehen, fahren	gün	Tag, Sonne
geyinmək	sich anziehen	gündüz	heller Tag
geymək	anziehen	günorta	Mittag
gəlib çatmaq	ankommen	güvənmək	vertrauen
gəlmək	kommen	güzgü	Spiegel
gərək	notwendig	haçan	wann
gətirmək	bringen	hal	Zustand
gəzmək	spazieren, bereisen	hamı	alle
giriş	Eintritt	hansı	welcher
girmək	hineingehen	haq	Recht
göndərmək	schicken	haqlı	im Recht
görə	hinsichtlich, gemäß, zufolge	hara	welche Gegend
		harada	wo
görmək	sehen	haradan	woher
görünmək	erscheinen, sich zeigen	haralı	woher stammend
		haraya	wohin
görüşmək	sich treffen	hava	Luft, Wetter

hayanda	in welcher Richtung	inanmaq	glauben
hazır	bereit, gerichtet	indi	jetzt, gleich
hazırlamaq	richten, bereiten	ingiliscə	auf Englisch
hazırlanmaq	sich vorbereiten	insan	Mensch
heç	überhaupt	ipək	Seide
heç kəs	niemand	irəlidə	vorwärts
heç nə	nichts	iş	Arbeit
heç vaxt	niemals	isbat etmək	beweisen
heç yerdə	nirgends	isinmək	sich erwärmen
heyif ki	schade	istehsal etmək	herstellen
həftə	Woche	istəmək	wollen, wünschen
həkim	Arzt	isti	warm, heiß
hələlik	zur Zeit	işçi	Arbeiter
həm ... həm də	sowohl ... als auch	işləmək	arbeiten
həman	sofort	it	Hund
həmişə	immer	itirmək	verlieren
hənüz	noch	iyirmi	zwanzig
hər	jeder	iyul	Juli
hər vaxt	jederzeit	iyun	Juni
hər yerdə	überall	jaket	Jakett
həvəs	Lust, Interesse	kağız	Papier
həyəcan	Aufregung	kamera	Kamera
həyət	Hof	kaş ki	wenn doch nur
hiss etmək	fühlen	kəlmə	Wort
hökumət	Regierung	kəlməcik	Wörtchen
ibarət olmaq	bestehen aus	kənd	Dorf
icazə vermək	erlauben, gestatten	kiçik	klein
iç	Inneres	kilim	(Web)teppich
içəridə	drinnen	kilimçi	Teppichweber
içmək	trinken	kilimçilik	Teppichweberei
iki	zwei	kilometr	Kilometer
il	Jahr	kim	wer
ilə	mit, und	kimi	(genau) wie, bis
ilk	allererster	kimsə	jemand, niemand
imkan	Möglichkeit	kişi	Mann
imtahan	Prüfung, Examen	kitab	Buch
		kitabça	Büchlein

kitabçı	Buchhändler	muzey	Museum
kitabxana	Bibliothek	mübarək	gesegnet
kömək	Hilfe	müəllim	Lehrer
kömək etmək	helfen	mühəndis	Ingenieur
kompüter	Computer	mümkün	möglich
könül (könlü)	Herz, Gefühl	müsafir	Reisender
köynək	Hemd	müştaq	begierig
küçə	Straße	nağıl	Geschichte
lakin	aber, jedoch	nahar (yeməyi)	Mittagessen
lalə	Tulpe	nar	Granatapfel
lap	höchst	narazılıq	Unzufriedenheit
lazım	notwendig	nazir	Minister
manat	Manat (Währung)	necə	wie
mane olmaq	hinderlich sein	neçə	wie viele
maraq	Interesse	neçənci	der wievielte
maraqlandırmaq	interessieren	neçəyə	zu welchem Preis
maraqlanmaq	sich interessieren	nə	was
maraqlı	interessant	nə ... nə də	weder ... noch
mart	März	nə cür	von welcher Art
maşın	Auto	nə qədər	wie viel, wie lange
may	Mai	nə üçün	wofür, warum
mehman	Gast	nə vaxt	wann
mehmanxana	Gästehaus, Hotel	nədən	woraus, weshalb
meyvə	Obst	nəfər	Person
məcbur	gezwungen	nəfəs	Atem
məktəb	Schule	nəyə	wozu
məktəbli	Schulkind	niyyət	Absicht
məktub	Brief	noyabr	November
məmnuniyyətlə	mit Vergnügen	nömrə	Nummer
mən	ich	nüfus	Bevölkerungszahl
mərkəz	Zentrum	o	jener, er
mərtəbə	Etage	odurki	deshalb
məşğul	beschäftigt	oğlan	Junge
məsləhət görmək	empfehlen	oğul (oğlu)	Sohn
min	tausend	oktyabr	Oktober
minmək	einsteigen, aufsteigen	olmaq	werden, sein
		on	zehn

onlar	sie	qara	schwarz
orada	dort	qardaş	Bruder
orta	Mitte	qarpız	Wassermelone
ortancı	mittlerer	qarşı	das Gegenüber
otaq	Zimmer	qaşıq	Löffel
oturmaq	sitzen, sich setzen	qatar	Zug
otuz	dreißig	qayıtmaq	zurückkehren
oxşamaq	ähneln	qaynamaq	sieden, kochen
oxucu	Leser	qaynatmaq	zum Kochen bringen
oxumaq	lesen, studieren		
oxutmaq	studieren lassen	qaytarmaq	zurückgeben
oynamaq	spielen	qədər	Ausmaß, Menge
oynaşmaq	miteinander spielen	qədim	alt, antik
		qəhvə	Kaffee
ölkə	Land	qələm	Stift
ölmək	sterben	qəzet	Zeitung
ötmək	vorbeigehen	qırmızı	rot
ötürmək	geleiten	qırx	vierzig
öymək	loben	qış	Winter
öyrənmək	lernen	qız	Mädchen, Tochter
öz	selbst	qiymətli	wertvoll
padişah	Padischah	qocalmaq	altern
pəncərə	Fenster	qonaq	Gast
pilov	Pilav	qonşu	Nachbar
pişirmək	kochen (trans.)	qonuq	Gast
pişmək	kochen (intr.)	qoparmaq	abreißen, pflücken
poçt	Post	qopmaq	reißen
pozmaq	zerstören	qorumaq	schützen
pul	Geld	qorxmaq	sich fürchten
qabaq	Vorderseite	qoymaq	setzen, stellen;
qaçmaq	flüchten, laufen	qoymaq	zulassen, erlauben
qadağan	verboten	qulaq	Ohr
qalın	dick, dicht	qulaq asmaq	zuhören
qalmaq	bleiben	qurtarmaq	enden, beenden
qalxmaq	sich (er)heben	quş	Vogel
qapı	Tür	radio	Radio
qar	Schnee	rahatlanmaq	zur Ruhe kommen

razı	zufrieden	səhv etmək	sich irren
razı olmaq	einverstanden sein	səkkiz	acht
restoran	Restaurant	səksən	achtzig
rəsim	Bild	sən	du, Sie
rus	Russe	səs	Stimme
rusca	auf Russisch	səsləmək	aussprechen
saat	Stunde, Uhr	sırağagün	vorgestern
sabah	morgen	sinama	Kino
sabahki	morgig	sinə	Brustkorb
sağ	gesund, lebendig	sinif	Klasse
sağalmaq	gesund werden	siqaret çəkmək	rauchen
sağlıq	Gesundheit	siz	ihr
sağ-salamat	gesund und munter	soğan	Zwiebel
		solda	links
sağda	rechts	son	allerletzter
sakit	ruhig	sonra	danach, nachher
salam	Gruß	sonuncu	letzter
salamat	gesund, heil	soruşmaq	fragen
salamlamaq	grüßen	soxmaq	hineinzwängen
salamlaşmaq	sich begrüßen	soymaq	lösen, ausziehen
sanki	es ist/war, als ob	soyunmaq	sich ausziehen
saray	Palast	soyuqlamaq	sich erkälten
sarı	gelb	söhbət etmək	sich unterhalten
sarı	in Richtung	söndürmək	auslöschen
satıcı	Verkäufer	sönmək	erlöschen
satmaq	verkaufen	söyləmək	sagen
seans	Vorstellung	söz	Wort
seçmək	(aus)wählen	sözlük	Wörterbuch
sentyabr	September	stansiya	Station, Bahnhof
sevinc	Freude	su	Wasser
sevinmək	sich freuen	susuzluq	Durst
sevmək	lieben	şad	erfreut
seyr etmək	betrachten	şagird	Schüler(in)
səbəb	Grund, Ursache	şair	Dichter
səhər	Morgen	şer	Gedicht
səhər yeməyi	Frühstück	şey	Ding, Sache
səhər-səhər	früh morgens	şəhər	Stadt

şəhərcik	Städtchen	turıst	Tourist
şəkil çəkmək	Fotos machen	tutmaq	fassen, halten
şənbə	Samstag	türk	Türke
şimali	nördlich	türkcə	auf Türkisch
şuluq	überfüllt, unordentlich	uçmaq	fliegen
		uçurmaq	fliegen lassen
şübhə eləmək	Zweifel hegen	uçuş	Flug
şübhəsiz	zweifellos	ulduz	Stern
süfrə	Esstisch	unutmaq	vergessen
tanımaq	kennen	uşaq	Kind
tanış etmək	bekannt machen	uşaqlıq	Kindheit
tanışmaq	sich kennen	utanmaq	sich schämen
tapşırmaq	beauftragen, verlangen	üç	drei
		üçün	für, wegen
teatr	Theater	ümid	Hoffnung
telefon	Telefon	üst	Oberseite
televizor	Fernseher	üşümək	frieren
tez	schnell, früh	üz	Gesicht
tezlik	Geschwindigkeit	üzərə olmaq	im Begriff sein
tez-tez	oft	üzmək	schwimmen
təəccüblənmək	sich wundern	vağzal	Bahnhof
təəssüf etmək	bedauern	var	vorhanden
təəssüf ki	bedauerlicherweise	vaxtında	rechtzeitig
		velosiped	Fahrrad
təklif etmək	vorschlagen	vergül	Komma
tələbə	Student(in)	veriliş	Übertragung
təmir	Reparatur	vermək	geben
təmir etmək	reparieren	xahiş etmək	bitten
təmirxana	Werkstatt	xalça	Teppich
təmiz	sauber, rein	xarab	defekt
təmizləmək	säubern, reinigen	xeyir	nein
tərəf	Richtung, Seite	xəbər	Nachricht
tərəvəz	Gemüse	xəstə	krank
təyyarə	Flugzeug	xəstələnmək	erkranken
təzə	neu	xəstəlik	Krankheit
tikmək	bauen, errichten	xəstəxana	Krankenhaus
tökmək	gießen, schütten	xiyal	Illusion, Traum

xoş	angenehm	yazmaq	schreiben
xudahafiz	auf Wiedersehen	yeddi	sieben
xudahafizləşmək	sich verabschieden	yel	Wind
ya	oder	yenə	wieder
ya ... ya da	entweder ... oder	yeni	neu
yad	Gedächtnis	yer	Ort, Platz
yada salmaq	sich erinnern	yetmiş	siebzig
yağış	Regen	yol	Weg
yağmaq	regnen	yolmaq	ausreißen
yaman	schlimm, übel	yorğun	müde
yan	Seite	yorgunluq	Müdigkeit
yanvar	Januar	yorulmaq	ermüden
yaraşmaq	angemessen sein	yox	nicht vorhanden
yarı	Hälfte	yoxlamaq	prüfen
yarım	halb	yoxsa	oder andernfalls
yaş	Lebensjahr	yubanmaq	sich verspäten
yaşamaq	leben, wohnen	yumaq	waschen
yaşıl	grün	yuva	Nest
yatırmaq	sich legen lassen	yuxarıda	oben
yatmaq	sich legen, liegen, (ein)schlafen	yuxu	Schlaf
		yuxulu	schläfrig
yavaş	langsam	yuxusuz	schlaflos
yaxın	nah	yuxusuzluq	Schlaflosigkeit
yaxında	bald, kürzlich	yuyunmaq	sich waschen
yaxınlaşmaq	sich nähern	yüngül	leicht
yaxşı	gut	yüngülləşmək	leichter werden
yaxşılaşmaq	besser werden	yüz	hundert
yay	Sommer	zal	Saal
yaylaq	Sommerweide	zəng	Klingel, Glocke
yazıcı	Schreiber	zəng etmək	anrufen
yazışmaq	sich schreiben	ziyarət	Besuch

Sachregister

Ablativ 9, 27, 35
Ablativus partitivus 13
Absicht 49
Adjektiv 15
Adjektivbildung 96 f.
Adverb 18
Äquativ 99
Akkusativ 8
Alphabet 1
Alter 26
Alternativfragen 24
Artikel 5
Attribut 15, 103
Aufforderungsformen 56 ff.
Ausgangspunkt 9
Betonung 2, 17, 20, 23, 24, 43
brauchen 23, 57
Bruchzahlen 30
Dativ 7, 27, 34
Datum 28
Deklination 6 ff., 20
Demonstrativpronomina 19
Dezimalzahlen 30
Distributivzahlen 30
dürfen 87
es 20
Finalsätze 71, 72, 87
Fragepartikel 24
Fremdwörter 2
Futur 49
Futur II 64
gehören 7
Genitiv 6, 33
Gen.-Poss.-Konstruktion 13
Genitivus partitivus 13
Gewohnheit 47
Großschreibung 2

haben 11
Hilfsverb *sein* 36 ff
Imperativ 59
Indefinitpronomina 22
Indirekte Fragesätze 74
Infinitiv 43, 70
Intensivformen des Adjektivs 17
Interrogativpronomina 23
Kardinalzahlen 25
Kasus 6
Kasus indefinitus 5
Kausalsätze 74, 87
Kausative Verbstämme 101
können 87
Komparativ 16
Komparativsätze 74
Konditionale Personalendungen 65
Konditionalsatz 41, 65
Konjunktionen 91
Konsonanten 3
Konsonantenharmonie 2
Konverbien 84 ff.
Konzessivsätze 67, 75
Kooperativsuffix 100
Lautgesetze 4
Lautlehre 1 ff.
Lokativ 8, 27
man 22
Mengenangaben 5
Modalsätze 74, 79 f., 85 f., 88, 94
mögen 61
Möglichkeit 87
müssen 49, 56, 61
Nebensätze 104
Negation 36
Nezessitativ 56
Nominativ 5, 31

Objekt 8, 75, 103
olmaq 38, 42, 64, 66
Optativ 61
Ordinalzahlen 28
Partikeln 24, 93
Partizip 43, 70 ff.
Passiv 102
Perfekt 51
Perfektische Personalendungen 51
Personalendungen 36
Personalpronomina 19
Plural 6
Plusquamperfekt 63
Possessivpronomina 20
Possessivsuffixe 10 ff.
Possibilitiv 87
Postpositionen 31 ff.
Prädikat 103
Prädikatsnomen 7, 11, 15 f., 36
Präsens 36, 44 ff.
Präsens-Futur 47
Präsentische Personalendungen 36
Präteritum 38, 63
Pronomina 19 ff.
Pronominales **n** 12, 19, 98
Prozentangaben 30
Reflexive Verbstämme 100
Reflexivpronomen 21
Relativsätze 75, 78, 82
Reziproke Verbstämme 100
Reziprokes Pronomen 22
Singular 5
sollen 59
Sprachbezeichnungen 99

Subjekt 5, 103
Subjektkasus 5
Substantiv 5 ff.
Substantivbildung 95 f.
Suffixbildung 2
Superlativ 16
Temporalsätze 48, 75 ff., 80, 88 ff.
Themasuffix 43
Uhrzeit 26
unbestimmter Artikel 5, 15
Ursache 9, 71
var, **yox** 11, 37
Verallgemeinernde Relativsätze 68
Verbaladjektiv 69 ff.
Verbaladverbien s. Konverbien
Verbalnomina 69 ff.
Verbalsubstantiv 69 ff.
Verbbildung 99 ff.
Verbstamm **i-** 38 ff.
Vermutung 40
Vokale 2
Vokalharmonie 2
Vollverb 43 ff.
Wegstrecke 9, 31
wollen 49, 61, 72
wörtliche Rede 87
Wortbildung 95
Wortfolge 23, 103
Wunsch 61
Zahlen 25 ff.
Zugehörigkeitssuffix 98
Zusammengesetzte Substantive 14
Zusammengesetzte Verbformen 63

Literaturverzeichnis

Alavi, Bozorg; Lorenz, Manfred: Lehrbuch der persischen Sprache. München 1967

Awde, Nicholas; Ismailov, Famil: Azerbaijanı–English; English–Azerbaijani Dictionary and Phrasebook. London 1999

Əlијева, Ə. Л.; Гулијев, З. И: Алманча – Азәрбајчанча, Азәрбајчанча – Алманча даныщыг китабы. Бакы 1989

Brands, Horst Wilfrid: Aserbaidschanische Chrestomathie. Texte des 20. Jahrhunderts. Wiesbaden 1977

Caferoğlu, Ahmet; Doerfer, Gerhard: Das Aserbeidschanische. Philologiae Turcicae Fundamenta 1959, S. 280–307

von Gabain, Annemarie: Die Südwest-Dialekte des Aserbaidschanischen. Handbuch der Orientalistik, Turkologie, S. 174–204. Leiden 1963

Һәсәнов, Гасым; Əлијев, Камил; Чәлилов, Фиридун: Азәрбајчан дили. Бакы 1989

Householder jr., Fred W.: Basic course in Azerbaijani. Bloomington 1965

Junker, Heinrich F. J.; Alavi, Bozorg: Persisch-deutsches Wörterbuch. München 1968

Kazımov, Qəzənfər Şirin oğlu: Müasir Azərbaycan dili. Bakı 2004

Rahmati, Nemat: Aserbaidschanisch–Deutsches Wörterbuch. Unter Berücksichtigung der Besonderheiten des Nord- und Südaserbaidschanischen. Engelschoff 1999

Rahmati, Nemat; Buğday, Korkut: Aserbaidschanisch Lehrbuch. Wiesbaden 1998

Rahmati, Nemat: Aserbaidschanische Chrestomatie. Engelschoff 2000

Schönig, Claus: Azerbaijanian. The Turkic Languages, 1998, S. 248–260

Angelika Landmann
Türkisch
Kurzgrammatik
2009. 119 Seiten, br
ISBN 978-3-447-06061-5
€ 14,80 (D)

Angelika Landmanns *Kurzgrammatik* enthält die Essenz ihres ebenfalls bei Harrassowitz erschienenen Lehrbuchs *Türkisch. Grammatisches Lehrbuch für Anfänger und Fortgeschrittene* (ISBN 978-3-447-06670-9) und erläutert die wichtigsten Grundlagen der türkischen Grammatik knapp, übersichtlich und leicht verständlich.

Angelika Landmann
Türkisch
Tabellen zur Deklination und Konjugation
2009. VI, 128 Seiten, br
ISBN 978-3-447-06138-4
€ 14,80 (D)

Das Buch bietet einen raschen Überblick über die Deklinationen von Substantiven sowie über die wichtigsten Zeiten und Modi von Verben im Türkischen.

Angelika Landmann
Türkisch
Grammatisches Lehrbuch
für Anfänger und Fortgeschrittene
Mit einer CD im MP 3-Format zu sämtlichen Lektionen sowie mit alphabetischem Wörterverzeichnis und Übungsschlüssel
2., überarbeitete Auflage
2012. IX, 260 Seiten, 45 Abb.,
1 Karte, 1 CD, br
ISBN 978-3-447-06670-9
€ 39,80 (D)

Angelika Landmanns *Grammatisches Lehrbuch* löst das erstmals 1942 erschienene und bereits 1986 von der Autorin überarbeitete Lehrbuch der türkischen Sprache von Herbert Jansky ab. Es richtet sich an Anfänger und Fortgeschrittene und ist geeignet für den Unterricht sowohl an Universitäten wie auch an Volkshochschulen und entspricht dem Gemeinsamen Europäischen Referenzrahmen A1–B2.

HARRASSOWITZ VERLAG • WIESBADEN
www.harrassowitz-verlag.de • verlag@harrassowitz.de

Angelika Landmanns Kurzgrammatiken erläutern die Grundlagen der usbekischen, kirgisischen und uighurischen Sprache knapp, übersichtlich und leicht verständlich. Die systematisch nach grammatischen Kategorien gegliederten Inhalte werden anhand von Tabellen und Beispielsätzen aus der Alltagssprache veranschaulicht. Damit richten sich die Grammatiken sowohl an Personen, die bereits über Kenntnisse der Turksprachen verfügen, als auch an linguistisch Interessierte ohne Vorkenntnisse, die sich einen raschen Überblick über die Strukturen der Sprachen verschaffen wollen. Der Aufbau ist an Landmanns ebenfalls bei Harrassowitz erschienener türkischer Kurzgrammatik orientiert und erlaubt ein vergleichendes Studium der Turksprachen.

Zusätzlich enthalten die Grammatiken Anhänge mit Übersichten über die häufigsten Suffixe, Deklinationen der Substantive, Verbformen, die deutschen Nebensätze mit ihren jeweiligen Entsprechungen sowie alphabetische Vokabelverzeichnisse und Sachregister.

Angelika Landmann

Usbekisch

Kurzgrammatik

2010. VI, 131 Seiten, br
ISBN 978-3-447-06289-3
€ 18,80 (D)

Angelika Landmann

Kirgisisch

Kurzgrammatik

2011. VII, 129 Seiten, br
ISBN 978-3-447-06507-8
€ 18,80 (D)

Angelika Landmann

Uighurisch

Kurzgrammatik

2012. VIII, 143 Seiten,
zahlreiche Tabellen, br
ISBN 978-3-447-06680-8
€ 18,80 (D)

HARRASSOWITZ VERLAG • WIESBADEN
www.harrassowitz-verlag.de • verlag@harrassowitz.de